# 金融危机演化的系统复杂性解析

ANALYSIS ON SYSTEM COMPLEXITY IN
EVOLUTION OF FINANCIAL CRISIS

张晨宏 ◎ 著

经济管理出版社
ECONOMY & MANAGEMENT PUBLISHING HOUSE

## 图书在版编目（CIP）数据

金融危机演化的系统复杂性解析 / 张晨宏著. —北京：经济管理出版社，2022.1
ISBN 978-7-5096-8303-3

Ⅰ.①金… Ⅱ.①张… Ⅲ.①金融风险防范—研究—中国 Ⅳ.①F832.1

中国版本图书馆 CIP 数据核字（2022）第 022235 号

组稿编辑：申桂萍
责任编辑：申桂萍　丁光尧
责任印制：黄章平
责任校对：陈　颖

出版发行：经济管理出版社
　　　　　（北京市海淀区北蜂窝 8 号中雅大厦 A 座 11 层　100038）
网　　址：www.E-mp.com.cn
电　　话：（010）51915602
印　　刷：唐山玺诚印务有限公司
经　　销：新华书店
开　　本：720mm×1000mm/16
印　　张：12.5
字　　数：149 千字
版　　次：2022 年 1 月第 1 版　2022 年 1 月第 1 次印刷
书　　号：ISBN 978-7-5096-8303-3
定　　价：68.00 元

·版权所有　翻印必究·
凡购本社图书，如有印装错误，由本社发行部负责调换。
联系地址：北京市海淀区北蜂窝 8 号中雅大厦 11 层
电话：（010）68022974　邮编：100038

# 前　言

第二次世界大战结束后，世界经济在饱受战争的创伤后得以迅速复苏，跨国公司的陆续崛起，将经济推向全球一体化。自 20 世纪 80 年代后期以来，随着信息、网络高科技技术企业的迅猛发展，信息全球化亦是必然趋势，在经济、信息两种全球化势头的带动下，全球资本一体化进程也不可阻挡地拉开了序幕，被称为继第一次农业革命、第二次工业革命和第三次信息革命之后的"第四次金融革命"。

尤其自 20 世纪 90 年代至今，金融危机的频繁爆发，波及面的不断扩大和作用力的逐步增强，都在向人们宣告，金融全球化时代已全面来临。美国次贷危机引发的国际金融危机被形象地喻为"金融海啸"，向世界经济展示了第四次浪潮来袭的强大威力和破坏力。虽然危机的发生距今已十多年，全球经济在各国政府及各类国际经济组织以金融救助、降低利率等增加资本市场流动性为主的经济刺激政策推动下，跃出"流动性陷阱"，基本实现复苏，但是，各国原有的经济体系尚未根除的固有弊病，实施应对金融危机措施之后所遗留的新问题，以及危机过后新旧世界经济格局的转变所蕴含的不稳定因素等，都仍然蓄存着各类金融风险和经济风险，后金融危机时代仍然面临着实现新一轮稳定与繁荣经济的巨大挑战。

自资本主义制度诞生的三个多世纪以来，经济危机、金融危机就"如影随形"地伴生、演化着，危机的起因和爆发方式也不断发展变化着。最初金融危机主要出现在为数不多的几个老牌资本主义国家，但1997年东南亚金融危机和2008年金融海啸的破坏力让我们有了切身感受。对于金融危机的学术研究立时成为热点，围绕着危机的生成、传导及应对过程，各种理论与方法也经由传统西方经典经济理论向多学科综合理论拓展，大致可分为三种类型：一是基于西方"均衡"的经济理论，二是基于"资本主义制度"的体系弊端，三是基于复杂系统观点的系统复杂性理论。

最具创新性和发展前景的当属以系统复杂性理论探究经济系统和金融系统演化特质的分析方法。以系统的观点可知，金融系统作为经济系统的核心子系统，随着全球经济系统的发展壮大，其系统的内部结构、功能和与外部环境的作用机制也在不断发展、演变着。由于其复杂性及外界环境之影响，经济系统内时刻存在各种随机的和不确定的因素。复杂性理论的核心问题是确认复杂系统的形态，识别和描述形态是科学最基本的任务之一，对于不能完全被认知的复杂系统来说，传统的方法和理论会遇到严重困难。在市场化、信息化和全球化快速发展的当今社会，经济环境变化的快速性、广泛性和不确定性也日益明显，依赖于传统科学范式的各种假定以及预测，已经越发难以圆满地解释或解决当今的许多复杂经济现象或问题。2008年全球金融危机的爆发，导火索虽然是以华尔街为首的国际金融机构在"资本逐利"的利益驱动下，以"高风险换取高收益"的金融创新产品"次级债券"引发的次贷危机，然而，冰冻三尺，非一日之寒，危机的酝酿、生成与爆发更是一次全球资本能量流动、积聚与释放的系统过程，存在着经济、金融、政治等社会组织机制复杂的综合作用。

金融开放，目前是处于经济全球化浪潮风口浪尖上的新兴市场经济与发展中国家面临的艰难课题之一，而防范国际金融风险，建立稳健的金融安全战略体系更是一个国家经济、金融开放战略取得成功的关键。本书是基于复杂系统的视角，以系统复杂性理论为背景，采用理论与实证相结合，定性与定量分析并重的论证方法，对金融危机的生成、深化以及危机后期的系统复杂特性和演化趋势进行全面分析与总结，从中探寻金融危机演化的系统动态特性和规律。本书以美国次贷危机为例，通过对美国1987年1月至2009年8月的S&P 500指数日收盘价时间序列，进行指数序列非线性检验和对数收益序列概率分布检验，将序列分为三个时段，分别进行了对数收益序列的BDS检验，并结合序列的自相关、偏自相关系数对不同时段的序列内部非线性特性进行检验。对金融危机深化期的政策效应进行建模分析，在构建产品市场和金融市场均衡模型的基础上，建立了基于渐进调整的名义汇率与价格的非线性小型开放经济系统模型，刻画了危机期间利率调整政策在国内投资率弹性较高和较低两种情况下，各自货币盯住政策成功或失败时的实际汇率和产出之间的动态关系。并且，针对应对危机最主要的两个金融政策——降低利率和金融救助——的政策效应进行了模型动态分析，并以中国为例展开实证分析。

本书还针对金融危机"传染"的效应种类、渠道和特性，阐述了金融市场的全球化发展趋势，探讨了后金融危机时代金融、经济系统演化存在的金融风险。根据中国2005~2011年几个主要相关宏观经济变量的数据变化，侧面分析了当时中国经济、金融现状,并简要提出了中国的预警与防范措施,为我国未来应对金融全球化浪潮的侵袭、维护国家金融安全以及促进系统理论应用于经济、金融系统,述一己之见,献绵薄之力。

# 目 录

**第一章　系统** ······················································· 001
　一、思维溯源 ··················································· 002
　二、思维发展 ··················································· 006
　三、理论提出 ··················································· 008
　四、理论发展 ··················································· 010
　五、一般特性 ··················································· 013
　六、复杂适应系统 ·············································· 015

**第二章　系统的复杂性** ········································ 019
　一、多重均衡 ··················································· 020
　二、分岔 ························································· 021
　三、突变 ························································· 022
　四、混沌 ························································· 024
　五、开放性 ····················································· 025
　六、自组织性 ··················································· 026
　七、自组织临界性 ············································· 028
　八、目标性 ····················································· 030
　九、趋极性 ····················································· 031

十、自然极值 ······ 033

## 第三章 金融系统演化的复杂性 ······ 037

一、经济系统概述 ······ 038

二、金融的定义 ······ 040

三、金融系统的边界 ······ 040

四、金融系统思想的萌芽 ······ 042

五、金融系统是复杂适应系统 ······ 044

六、金融系统是复杂巨系统 ······ 044

七、金融系统是非线性系统 ······ 046

八、金融风险的演化原理 ······ 049

## 第四章 金融危机的系统演化原理 ······ 053

一、理论背景 ······ 054

二、方法背景：四代模型综述 ······ 057

三、演化历程 ······ 065

四、演化特征 ······ 068

五、演化机制 ······ 072

六、本章小结 ······ 078

## 第五章 金融危机生成的系统复杂性例证分析 ······ 079

一、系统的非线性 ······ 079

二、系统的自组织临界性 ······ 088

三、系统突变 ······ 093

四、系统的混沌特性 ······ 097

五、本章小结 ······ 103

**第六章　金融危机深化期的政策效应建模分析** …………… 105

一、小型开放经济系统模型思路 …………………………… 106

二、步骤一：产品市场模型构建 …………………………… 107

三、步骤二：金融市场模型构建 …………………………… 111

四、步骤三：基于渐进调整的名义汇率与价格的系统
模型 ……………………………………………………… 113

五、应用一：利率调整政策效应分析 ……………………… 117

六、应用二：金融救助政策效应分析 ……………………… 125

七、本章小结 ………………………………………………… 134

**第七章　后金融危机时期的系统演化趋势分析** …………… 135

一、金融危机的"传染" …………………………………… 136

二、金融市场全球化趋势 …………………………………… 144

三、后金融危机时代的系统演化风险 ……………………… 158

四、中国的预警与防范建议 ………………………………… 162

五、本章小结 ………………………………………………… 170

**第八章　结　语** ……………………………………………… 173

一、主要结论 ………………………………………………… 173

二、创新与不足 ……………………………………………… 177

**参考文献** ……………………………………………………… 179

**后　记** ………………………………………………………… 189

# 第一章 系　统

系统，来源于英文 system 的音译，来源于古代希腊文 systεmα，其定义为若干部分相互联系、相互作用而形成的具备特定功能的整体。现实世界中，系统是普遍存在的，从基本粒子到星系、从无机界到有机界、从人类社会到人的思维，任何一个事物其实都可以被认为是一个系统，而且某个系统又可以是所从属的更大系统的一个组成部分，宇宙就是更宏观意义上的总系统。在基础科学层次上，美籍奥地利理论生物学家及哲学家、一般系统论的创始人路德维希·冯·贝塔朗菲将系统定义为相互联系、相互作用的诸要素的综合体。在技术科学层次上，世界著名空气动力学家、中国科学院及中国工程院钱学森院士将系统定义为由相互制约的各部分组成的具有一定功能的整体。《韦氏大辞典》将系统定义为，一切有组织的或被组织化的整体，结合着整体所形成的各种概念和原理的综合，由有规则的相互作用、相互依存的形式组成的诸要素集合。

系统的分类方法有很多种，比如根据构成要素属性划分，可以分为自然系统、人工系统和复合系统；根据系统与环境的关系划分，可以分为封闭系统和开放系统；根据系统状态与时间的关系划分，可以分为静态系统和动态系统；根据系统组成元素数量及作用关系划分，可以分为简单系统、随机系统和复杂系统。还有诸如实体系统与概念系统、物理系统与事理系统、各种各样的对象系统等类别的划分。进入 21 世纪以来，经济全球化、互联网日益发展，"万物互联"的思维和应用已经成为强劲发展态势，作为系统科学研究对象的复杂系统，也越发成为其中一个极为重要的概念。

复杂系统，是指一个由两个或两个以上的子系统组成的大系统，这些子系统在所属大系统中相互关联与作用，共同决定着该大系统的状态。在 20 世纪 80 年代，钱学森院士将其定性描述为，按照系统归类，若一个系统的子系统数量非常庞大，且相互关联、相互制约和相互作用关系又很复杂，并有层次结构，通常称作复杂系统。

区别于古典科学分析、机械或线性因果关系的范式，系统科学作为一个新的科学范式开辟了世界观的新定向。

# 一、思维溯源

系统的观点始于系统整体性思维的建立，由古至今，由本土至外邦，依次经历了三个历程，由朴素整体性思维到机械整体性思维，再到系统整体性思维。而且，应当意识到的是，系统思维方式的建立到其理论的提出及发展，既是一个遵循系统规律的过程，也是一个概念系统形成的过程。

古代的自然哲学是哲学和自然科学的融合体，东西方世界的学科发展尽管经历着不同的演进过程，但是就直观的整体系统思维而言，却有着相似的基因，可以从中发掘出现代系统思维的胚胎、萌芽。

## （一）中国古代思想

《道德经》，是春秋时期老子的作品，对中国传统的哲学、科学、政治以及宗教等领域都影响深刻。《道德经》中名句繁多，义理玄奥，例如，"道生一，一生二，二生三，三生万物"中的"道"，意指宇宙本体及万物产生、发展之总法则，"一"则泛指宇宙初始混沌态的整体。又如"昔之得一者：天得一以清，地得一以宁，神得一以灵，谷得一以盈，万物得一以生，侯王得一以为天下正"和"是以圣人抱一为天下式"，此处的"一"，即为宇宙运行规律中的初始之"道"，已经阐释了"系统"中整体性和初值敏感性的理念。

20世纪70年代，湖南长沙马王堆三号汉墓出土的《黄帝经》，也对"道"与"一"做了精辟注解："一者，道之本也"；"一之解，察于天地，一之理，施于四海"；"一以趋化，少以知多"。此处的"一"，既指事物产生、发展、消亡过程中所蕴藏的规律、规则，也可以被认为是我国古代系统整体思维方法论的雏形。

墨子，春秋末期战国初期的古代思想家、科学家，是墨家学派创始人及代表人物。他曾以"一"和"众"或"多"来诠释系统中整体与部分的辩证统一。例如，"察天子之所以治天下者，何故之以也，曰：唯以其能一同天下之义，是以天下治"。意即天子应当"一统"百义，方能治理天下，这也体现出系统思维的整体性与目标性。

荀子，战国末期著名思想家及政治家，也曾提出"群居和一之道"，体现了大同社会和谐共处之道，表明了整体与个体的协调，以"一"和"分"来表述整体与部分的关系。例如，

"故义以分则和，和则一，一则多力，多力则强，强则胜物"，可以理解为社会群体通过分工而在整体上实现"群居和一"，发挥整体功能，以"多力"致强。又如"天地合而万物生，阴阳接而变化起"，"水火有气而无生，草木有生而无知，禽兽有知而无义，人有气有生有知亦且有义，故最为天下贵也"等。这些观点具有自然系统进化论的思想萌芽，也能体现朴素自然观中宇宙从混沌态到有序态、从低级到高级的进化层次。

中国古代系统观还包括整体无限性、"天人合一"等理念，在"万物一元"的基础上建立世界观。《庄子·天下》中惠施有曰，"至大无外，谓之大一；至小无内，谓之小一"，此为"一"的无限大与无限小的辩证法表述；《齐物论》中的"天地与我并生，而万物与我为一"则体现了天人合一的整体思维；中国古代中医视人体经络、脏腑、筋骨为系统整体，与自然界相关联，将自然界五行、阴阳等理论诉诸病理研究；太极、八卦等也都可以看作朴素的宇宙整体模型。

由此可见，从个体到整体、从整体到个体的系统思维方式与理论渊源，都对中国古代文化发展和世界观的形成有着非常重要、深刻和久远的影响。

## （二）国外古代思想

公元前 6 世纪的古希腊米利都学派，被认为是贝塔朗菲的系统论思想的起源。米利都学派最早将哲学和自然科学融合起来解释自然界是如何产生和存在的。该学派在人类认识发展史上的重要性体现在三个方面：一是米利都学派的出现标志着西方哲学的产生，使人们对世界起源的认知从神话向哲学转变。该学派尝试以自然本身来说明自然，用抽象的理性思维方式取代神话论的形象思维方式。二是米利都学派提出了世界的统一性问题。他们探求万物的根源，寻求多中之一，认为客观世界中万物是相互关联且共同变化的整体，即涉及了西方哲学史上第一个哲学范畴之世界"本源"的问题。三是米利都学派确认了事物是不断运动变化的，即哲学的物活论思想。虽然，他们最初囿于经验和知识，曾存有幼稚的猜测，比如用气的"稀散"和"凝聚"来说明事物的产生与消亡，但是，这种试图追溯事物内在力量解释事物运动变化的原因，而并非神的旨意的观念，却提出了"质和量"关系的概念，被认为是唯物辩证法中"质归结为量"以及"量变引起质变"的思想萌芽。该学派对西方哲学的建立与发展起到了重要的推动作用。

古希腊的哲学家也具有事物的整体性观念。世界古代史上伟大的哲学家、科学家及教育家，希腊哲学的集大成者——亚里士多德，提出了"整体大于它的各部分的总和"的思想，被贝塔朗菲评价为"基本的系统问题的一种表述，至今仍然正确"。贝塔朗菲在阐述系统论的整体性原则时，认为"亚里士多德的世界观及其固有的整体论和目的论的观点就是这种宇宙秩序的一种表达方式"，是"古代朴素整体观最有价值的遗产，至今也仍是现代系统科学中的一条著名定理"。亚里士多德的宇宙系统的思维方式触及了系统的整体性、层次、等级和目的论，对欧洲哲学中的系统观念的发展产生了诸多有益的启发，但是古希腊哲学直观的整体系统思维方式具有局限性，尚不能够充分认识系统内部组成元素的作用机理。后人对整体和部分的关系进行了更为详细的概括，认为整体和部分的关系可分为三种情形：整体可以大于、等于或者小于其部分之和，这种系统的整体综合效应将取决于部分之间相互作用的机理。

## 二、思维发展

### （一）机械系统思维

14~16世纪，新兴资产阶级发起了一场著名的欧洲思想文化运动——文艺复兴。其间，伽利略、牛顿等人奠定了近代自然科学的基础，开创了近代科学的系统思维方式。他们通过对研究对象建立数学模型、进行数学分析，发展了系统分析理论，故而，系统分析的思维方式被认为起源于近代传统数学、物理学及天文学。牛顿《论宇宙的体系》一书书名即表明了主题，一般被认为有三个主要贡献：一是把太阳、地球、月亮等星系简化为质点，以研究彼此的引力作用，突破了之前计算上的困难；二是以牛顿三条运动定律及万有引力定律作为系统分析的理论根据，被认为是揭示了运动过程的因果联系；三是在观察和实验的基础上，以几何学和微积分为工具进行系统分析，将古代自然哲学中主观猜测性的天体研究进化成为天体力学。《美国大百科全书》评价牛顿等人的科学成就为"现代系统分析的先驱"，将前人直觉的整体系统思维方式进行了科学实证和量化，实现了划时代的飞跃和质变。但是，从系统观的角度来说，其局限性体现在把宇宙中一切联系都看成唯一的机械作用的这一观点上，这种机械唯物主义观点被称作狭义的机械论思维方法。

19世纪后期，广义的机械论自然观在狭义的机械论自然观基础上发展而来，是一种服从绝对因果律的自然观，代表科学家是爱因斯坦。爱因斯坦的相对论秉承伽利略、牛顿的"大自然是用数学语言写成"的哲学思想，认为可以用公理化方法把自然界描绘成空间、时间、物质及其运动的四维时空连续区的统一场，自然界所有事物都完全服从于机械因果律，自然界不可能任意"掷骰子"。还有许多科学家持这种自然观，相信独立于人类意识的外在世界的存在及其和谐统一和可理解性。例如，法国物理学家德布罗意提出间断粒子伴有连续波的设想，并确定了一切微观粒子的波粒二象性；量子力学奠基人之一、奥地利物理学家薛定谔把这种既表现为粒子、又表现为波动的微观客体归结为"波场"，把这种具有多维空间的波场看作唯一的物理实在，进而将这种连续场的思想推广到生物学，把生物体也视作微观粒子的某种组织状态，也服从量子力学定律；英国物理学家狄拉克开创了关于电磁场的量子电动力学，认为所有的粒子都是相应的场量子，且所有物质也都可以归结为"统一场"。1933年，量子力学的基本方程——薛定谔方程和狄拉克方程的建立，使得这两位科学家共同获得了诺贝尔物理学奖。

### （二）辩证系统思维

19世纪上半叶，自然科学研究中热能与机械能的转换关系领域取得突破性进展，其中，能量守恒与转换定律、细胞学及进化论被恩格斯称为"19世纪具有决定意义"的经验自然科学的三大辉煌成果，被认为不仅有可能完全克服机械论的片面性，而且对于自然科学而言，由于力学、物理学、化学、生物学等这些研究部门之间的相互联系被证实，也从经验科学变成了理论科学。

哲学家和评论家格奥尔格·威廉·弗里德里希·黑格尔是德国19世纪唯心论哲学的代表人物之一，黑格尔从哲学高度继承了古希腊辩证法，并以系统观发展了辩证系统思维方式，"留下了辩证的思维方式以及关于自然的、历史的和精神的世界在产生和消失的不断过程中无止境地运动着和转变着的观念"，对后世的存在主义和马克思的历史唯物主义等哲学流派都产生了深远影响。马克思把黑格尔具有唯心特点的辩证思维方法革命性地转变为唯物辩证思维方法，他和恩格斯关于世界是过程集合体的思想论断、整体与部分的辩证分析以及开放系统思维等观点，都深刻体现了唯物主义的辩证系统思维方法。

辩证法有广义与狭义之分。对立统一学说是狭义的辩证法概念；广义的辩证法概念就是恩格斯所说的，"辩证法不过是关于自然、人类社会和思维的运动和发展的普遍规律的科学"。辩证法是关于普遍联系的科学，如果一段陈述能阐明世界的普遍联系和运动发展的某种一般特征或一般规律性，那它就是符合辩证法的。19世纪末20世纪初，随着自然科学的进一步发展，辩证系统思维方式又逐步发展为现代复杂系统思维方式。

## 三、理论提出

20世纪20年代，生物学领域的机械论与活力论发生了激烈争论，生物学机械论根据分析方法把生命现象还原为物理化学过程，但发现最终无法回答关于复杂生命现象的原因的问题。活力论则把生命现象的原因归结为机体内存在一种超自然的外来赋予的神秘活力。

德国生机主义哲学家杜里舒在一次海胆胚胎实验中，发现将一个海胆胚胎一分为二，会发育成两个海胆，神奇的是，两个海胆胚胎结合到一起却又能发育成一个新海胆。于是，他怀疑机械论无法解释此种情形，似乎也只能用灵魂之类的活力论来解释。1925 年，英国哲学家怀特海提出用机体论代替活力论和机械论，认为把生命作为一个有机整体方可解释生命现象。

贝塔朗菲是从理论生物学开始科学研究的，他接受了机体论纲领，认为"机体纲领是而后著名普通系统论的萌芽"。1937年，他在芝加哥大学主要结合控制论和信息学的一些基本理论，明确提出把系统作为研究对象，从而创立了一般系统论。贝塔朗菲的一般系统论所体现的整体观，大致可以概括为以下四点：

第一，强调一般系统论就是对"整体"和"整体性"的探索，或者，一般系统论是关于"整体"的一般科学，是一门数理逻辑学科。

第二，强调生命现象具有动态的整体即组织起来的复合体的特征，认为"复合体的特征与其要素相比似乎是'新加的'或'突现的'"，即"组合性特征不能用孤立部分的特征来解释"。生命一旦解体，生命现象的整体特征就会瓦解，从而与活力论这种非科学解释划清界限。

第三，现代科学所需要的这种系统整体方法论是非线性的，"一个系统或'有组织的复合体'可被定义为存在着非线性的'强'或'非常重要'的相互作用，比经典科学的累加分析更具普遍性，从而与机械论的方法论相区别"。

第四，这种系统整体观念的建立是思维方式与方法论的重新定向，"在一切知识领域中运用'整体'或'系统'概念来处理复杂性问题，这就意味着科学思维基本方向的转变"。

20 世纪 50 年代，贝塔朗菲与经济学家博尔丁、心理学家杰拉德、数学家拉波波特等人在美国加州大学伯克利分校当访问学者，由于深感自然科学受到学科分工以及分析还原方法影响的弊端，他提倡建立一个跨学科研究方法来解决此问题。1954年，在一次美国科学进步学会的年会上，他们共同组织了一般系统论研究会。1968年，这个学会改名为"系统科学研究会"（International Society for the Systems Sciences，ISSS）。后来，贝塔朗菲在《一般系统论》（1968）一书中为这个研究进行了定调，一般系统论讨论的是所有类型的系统的共同概念、原理、模型以及不同类型系统的同构性。"存在适用于一般化系统或其亚类的模型、原理和规律，而不考虑它们的特定种类、组成元素的性质以及其关系与'力'。"他给出了一般系统的定义，而后建立了一个系统微分方程组，根据这个数学模型，推导出整体生长、竞争、层级、变异、控制及目的性等诸多特征。于是，系统理论一般被认定为20世纪50年代所兴起的一门跨学科理论。

## 四、理论发展

20世纪60年代以来，物理学领域关于非平衡态热力学即耗散结构理论的研究，在分子生物学、生命进化及生态环境等方面，涉及了许多整体问题，比如整体调节、相互作用、自组织、目的性等，已成为常用到的范畴，科学技术发展面临着大量各种形式的能流及转换的复杂关系研究，科学研究的重点从线性因果关系转向非线性、不确定性、模糊性、不稳定性等关系的研究。随着复杂性多变量系统研究的深入，非线性复杂系统、自组织理论等研究都取得了很大进展。耗散结构理论和协同学、超循环、突变论、混沌学、分形学等系统理论相继诞生，标志着系统范式发展进入新阶段。

耗散结构理论探索了远离平衡态系统的非线性相互作用的自组织特性；超循环理论发展了类似生物催化系统的非线性模型；突变论则研究了各种系统出现突变的形式及其数学表达式；混沌理论再次突破传统思维定式，对决定性与非决定性给予了统一的解析，研究无序与有序的转化规律及相应的数学工具，发现简单决定论系统是可以产生复杂性的；反之，复杂系统也可以遵从简单规律。科学家发现混沌是创生信息之源，开始探索信息创生从微观尺度传递到大尺度的定量问题，混沌系统和近混沌系统的研究不仅填补了宏观与微观尺度的鸿沟，也开辟了非线性复杂系统研究的新途径。科学家从对不同规则、参差不齐或断裂形状的计算和思考中，还发现了自然界存在的分形现象，随着研究的深入，如今的分形理论不仅被应用到自然科学，也被扩展到了经济学、管理科学、情报学等社会学科。超循环论、突变论、混沌理论等系统科学理论的日趋成熟，体现了现代复杂系统思维方式对 19 世纪辩证系统思维方式的继承和飞跃。

1984 年，由美国经济学家肯尼斯·约瑟夫·阿罗、理论物理学家菲利普·沃伦·安德森和默里·盖尔曼三位诺贝尔奖获得者发起成立的美国圣塔菲研究所，集中了一批不同领域学科的青年科学家，开展关于复杂性的跨学科、跨领域的研究。其中，既包括自然界复杂性，也包括社会及人自身的复杂性，还提出了复杂适应系统的概念，如人脑系统、免疫系统、生命系统、生态系统及经济系统等。1990 年 12 月 31 日的《人民日报》发表了钱学森先生的文章——《要从整体上考虑并解决问题》，提出要构建一个促使科学技术成为第一生产力的环境，避免高浪费、低效益的状态，最重要的是要从整体上考虑问题，并建议用开放的复杂巨系统的观点和从定性到定量的综合集成方法来研究整体性问题。

进化论和当代耗散结构理论、复杂性理论中的涌现理论提供了组织起源的机制，但仍解释不了生长发育现象。在组织起源和进化过程中，从非组织状态到组织状态是一个准随机过程，但组织生长发育却不是随机过程，当生长条件具备时，它是一个确定的过程。具体来说，"涌现"生成是组织从无序到有序的过程，其组织状态是从不确定到确定的过程；而生长演化是从一个有序到另一个有序的过程，其组织状态是从一个确定到一个新的确定的过程。"从系统内部来看，指系统结构方式的根本变化，从一种结构变为另一种性质不同的结构；从系统外部整体来看，指系统整体形态和行为方式的根本变化，从一种形态变为另一种性质不同的形态，或从一种行为模式变为另一种性质不同的行为模式。"因此，"仅仅了解进化和组织的起源，只解决了问题的一半，生长、发育是有组织的整体演变方式的重要部分"。

美国密歇根大学计算机科学家霍兰德是复杂理论和非线性科学的先驱、遗传算法之父。在20世纪70年代，他以计算机为工具，构建了一种模拟达尔文生物进化论的自然选择和遗传学机理的生物进化过程的计算模型，提出用揭示组织生长机制的算法理论，即著名的遗传算法理论。这种算法的实现机制是，在给定初始群体和遗传操作的前提下，通过反复迭代去实现群体的进化，从生物学角度而言，遗传算法是指通过"自然选择"机制由一个"染色体群"转化成另一个"染色体群"的方法。其中的"自然选择"，是通过选择（Selection）、交叉（Crossover）、变异（Mutation）三个基本遗传算子（Genetic Operator）来共同实现的。"选择"是指从染色体群中选出可以繁殖后代的染色体；"交叉"用于交换两个染色体的组成部分，实际上是指模仿两个单倍体的再结合；"变异"主要是随机地改变染色体上某一位置的遗传因子的数值。应用遗传算法的目的：一是想要抽取和解释自然系统的自适应过程；二是想要设计出具有自然系统机理的人工系统。以复杂性科学去考察遗传算法，意味着遗传算法其实是在遗传继承的基础上通过交叉、变异等机制，刻画了一个组织从简单到复杂、从幼小到成熟，不断成长与发展的微观的组织生长及演化过程。

## 五、一般特性

综合系统理论的形成与发展过程，可将"系统"的一般特性归纳为五个方面：

第一，层次性。只包含两个基本单元的系统是最简单的系统，可以被称为两要素系统。复杂系统则是指可以划分出多个子系统，各个子系统也可以再划分出下一级子系统的多元素、多层次系统。元素，也称为要素、组元，是构成系统的最小部分或不可再划分的基本单元。系统与元素是相对的概念，例如，对于社会系统而言，人就是元素，但对于人体生物系统而言，人是系统，人体细胞就是组元。

第二，边界性。系统的元素构成了系统的整体，同时也确定了系统的边界，而且一般将边界之内称为系统内部，边界之外称为环境。系统可分为孤立系统、封闭系统和开放系统。孤立系统是指系统与环境既没有物质也没有能量（信息）的交换，封闭系统是指系统与环境只有能量交换但没有物质交换，与环境之间同时具有物质和能量（信息）交换的系统则是开放系统。

第三，功能性。系统的各个组成部分不是随机或松散地组合在一起，而是为了达到某个特定目标有机组合在一起，虽然各个元素的具体目标会有差异，但是最终总会归于系统的最高目标。任何系统都应当有系统目标，为了实现系统目标，各组成部分就要具备相应的功能性。

第四，相关性。系统的组成部分之间按某种确定方式相互联系和相互作用，不存在孤立的某个部分，联系的方式取决于系统目标，具有一定的确定性和可辨识性。普里戈金是比利时物理化学家、布鲁塞尔学派首领，因研究耗散结构而获得诺贝尔化学奖，他曾指出，"时间流是一全局的性质"，即"时间之矢"是一种整体性现象。为了找到"时间之矢"和非决定论的原因，他考察了最先引入"时间之矢"的热力学第二定律以及生物进化论，发现它们都是从群体研究角度而非个体角度展开的。比如，热现象是大量分子运动的集体表现，熵增是粒子间大量碰撞导致的全局演变，而且生物进化也是在个体变异基础上的种群的整体演变。普里戈金进一步指出，经典的"个体物理学"研究的是物体瞬时相互作用，如小球碰撞，而"群体物理学"则考虑的是持续相互作用，譬如液体中的粒子不断相互碰撞后，被散射然后再一次碰撞，由此会形成相互关联的"网"，所以，这意味着不能将"个体"从系统中孤立出来研究，系统的组成部分具有相关特性。

第五，整体性。系统都有一定的整体形态、整体结构、整体行为、整体功能、整体边界、整体空间占有和整体时间展开等特性。某个整体不一定是系统，但是系统一定是一个整体。系统的观点首先是整体的观点。系统的整体性制约着系统构成要素的基本行为方式，从而使系统有机性得以保持并持续发展，或者说，实现动态平衡。当系统从一种结构等级向另一种结构等级转化或向更高等级进阶时，整体性的调整、变革、突变以及创新，对各子系统要素仍起到主导作用。如果系统发生根本性的质变，则意味着旧整体性的瓦解和新整体性的形成。整体论的实质在于把整体当作由一定要素构成的有机结构整体，整体与部分的关系是有机的、辩证的，整体的性质，是个体的质和规律的非加和质的飞跃。从系统论和控制论的角度，各部分间的持续相互作用而形成结构，进而组成整体，反之，具有自我调节作用的自适应系统内部，必然存在正反馈、负反馈等持续相互作用，在这种复杂高阶的"关联"中，受到一定条件的触发，系统的对内、对外的持续相互作用就会产生新事件，系统就会出现新质，从而区分系统的过去与未来，那么，未来不再包含在过去之中，时间反演对称则被打破，这种时间的对称破缺正是持续相互作用造成的整体效应。

## 六、复杂适应系统

任何事物都通过相互作用而联系在一起，世界是一个普遍联系的整体。复杂系统是简单系统发展演化的结果，复杂系统的三个基本特征是：首先，系统中存在着众多的独立要素，并且相互作用；其次，系统具有自组织性与自适应性；最后，系统应具备介稳性和耗散性。系统元素如果是具备适应性的主体，所谓适应性即主体之间、主体与环境之间不断地进行相互作用，那么这种适应性就会使系统涌现出系统复杂性，这样的复杂系统被称为复杂适应系统（Complex Adaptive System，CAS）。

CAS 是霍兰德教授于 1994 年提出的复杂性科学领域的一个重要概念，其被定义为"由用规则所描述的、相互作用的主体组成的系统"，这些主体"在形式和能力方面是千差万别的"，"随着经验的积累，通过不断变革其规则来适应环境中其他主体"，这是"生成复杂动态模式的主要根源"。CAS 从方法论上突破了传统的"还原论"的框架。围绕主体这个核心概念，CAS 理论提出了另外几个和系统演化相关的重要概念。

## （一）"亚类"系统

贝塔朗菲在研究一般系统论时，曾特别提到过"亚类"的概念。当系统科学将系统划分为控制系统与非控制系统，或者分为目的定向系统与非目的定向系统时，其中的通信与控制的规律在导弹、航天科技中都被实际应用过。如果将系统划分为开放系统与封闭系统，或者划分为平衡态系统与非平衡系统时，存在着系统自组织的规律；当将系统划分为简单系统与复杂系统时，存在着复杂适应系统的各种规律，尤其是在突现问题上有了突破。当系统被划分为自然系统与人类活动系统时，系统工程的硬系统工程和软系统工程，在组织管理领域也得到了应用。

如果在博尔丁的系统等级秩序（Hierarchy Order）框架的基础上，依据近些年来系统科学的发展，可以提出一个系统"亚类"的系统，包括：一是简单静态结构系统，是系统的静态框架，是系统的地理学和解剖学；二是简单动力系统，或称为平衡有序结构系统，是一个确定性系统，知晓其初始条件，就能唯一确定其下一个状态，而且是一种趋向平衡态的系统；三是控制系统，指包括多层级的控制系统；四是自组织系统，指一种目的定向系统，无须外界指令就能够自行创生、能够自行组织及演化、能够自主从无序走向有序，从而形成具有某种结构的系统；五是开放系统，包括各种非平衡态动力系统和混沌系统；六是复杂适应系统，系统中相互作用的主体在形式和能力方面千差万别，会通过不断调整其规则来适应系统环境中其他主体；七是组织管理系统，包括硬系统工程和软系统方法。所有这些贝塔朗菲所说的"一般系统的亚类"（Subclasses of Generalized Systems）都各有自己的一般规律和普遍原理。

CAS 作为系统"亚类"，体现了所谓"适应性造就复杂性"。盖尔曼在《复杂适应系统》一文中写道："复杂适应系统包含地球生命出现前的导致生命的前生命化学反应、生命进化本身、个体生命有机制和生态共同体的功能，生命子系统如哺乳动物免疫系统以及人类大脑的运作、人类文化进化方面、计算机硬件和软件的功能、地球上各种经济系统的进化、组织与社团的进化等多种多样的过程。这样一种观点导致力图去理解作为所有这些系统的基础的一般原理以及理解这些系统之间的关键性的区别。"

## （二）适应性主体

复杂适应系统理论的基本思想是认为系统的组成部分具有其自身目的与主动性，是积极的主体，称为具有适应性的主体（Adaptive Agent），简称"主体"。所谓"适应性"，是指主体能够与环境以及其他主体进行相互作用，在这种持续作用过程中，主体能够"学习"，然后根据"积累经验"改变自身的结构或行为方式。整个宏观系统的演变，包括新层次的产生、分化，多样性的出现，以及聚合而成的新的、更大的主体的出现等过程，都是在这个基础上逐步发展起来的。

围绕最核心的"主体"这个概念，霍兰德进一步提出了研究适应和演化过程中应当特别注意的七个概念：聚集、非线性、流、多样性、标识、内部模型和积木块。其中，前四个可以归为在适应和进化中发挥作用的个体特质，后三个则归为个体与环境的交互作用机制。CAS 理论认为，这种"主体"的主动性及其与环境的反复相互作用，正是系统进化的动因，宏观变化和个体分化都可以从"主体"的行为规律中溯源，即"适应产生复杂性"。可以说，这是对系统运动和演化规律认知的飞跃，其重要意义体现在四个方面：

第一，主体是主动、活的个体。这是 CAS 和其他建模方法的关键区别，这使得其方法能够有效应用于社会、经济、生态等别的方法难以应用的复杂系统。

第二，个体与环境及个体之间的相互作用，是系统演化的主要动力。以往的建模方法是把个体本身的内部属性置于主要位置，并不重视这些相互作用，然而 CAS 方法却能够运用于个体本身属性不同，但相互关系却具有诸多相同点的不同领域。

第三，宏观和微观的有机联系。个体的变化成为整个系统变化的基础，通过主体和环境的相互作用，统一予以考察。

第四，随机因素作用的引入，使其具有更完善的描述和表达能力。

正是由于以上这些特点，复杂适应系统理论具有了有别于其他方法的、具有特色的新功能、新特点。

# 第二章 系统的复杂性

系统理论的研究对象就是系统和系统的复杂性。所谓系统的观点也就是整体的观点、联系的观点。系统科学首先是关于普遍联系的科学，所以系统理论可以定义为通过系统的结构和功能以及系统的演化来研究"整体"之共性规律的方法论科学。系统整体性，特别是复杂系统、复杂巨系统的整体性问题就是复杂性问题。处于变化中的动态系统，其系统结构、系统功能和系统行为会随着时间演进而发生变化，通过自组织、自适应等系统特性向系统目标演化，故而，系统具有可变性、兼容性或适应性。复杂系统的整体涌现性主要是由其元素按系统结构方式相互作用、相互补充或相互制约而激发出的新的结构效应。

系统复杂性是指一个开放的复杂系统由于子系统多、种类多、层级结构多、不确定因素多等，导致系统在演化过程中与环境交互作用所呈现出的复杂的动态行为特性和突出的整体特性。这些特性具有难以预测的特点，传统的还原论方法不能对其进行描述和分析。

曾有学者将复杂系统特征归纳为十个：非线性、多样性、多层性（多重性）、涌现性、自组织性、自相似性、不可逆性、自适应性、开放性以及动态性。此外，系统元素间还存在复杂的反馈关系，复杂系统构成元素具有主动适应性等特征也是其显著特点。现实世界的无限多样性、奇异性和复杂性之根源其实主要在于非线性，与传统的线性、均衡以及个体问题相比，复杂性科学的主要研究内容之一就是非线性、非均衡或多体问题所引发的各种新问题。线性和非线性函数的区别从所刻画的事物的对应关系上看，是深刻且显著的，可以看作是简单性和复杂性之间的一个基本区分点。与之相关的有多重均衡、分岔、突变、混沌等理论，对于系统复杂性的研究都具有重要意义，此外，系统的开放性、自组织性、目标性、趋极性等特性也都体现了系统复杂性。

# 一、多重均衡

多重均衡（Multiple Equilibria）是指相互关联的若干平衡同时存在于一个平衡系统中，且至少有一种物质同时参与几种相互关联的平衡。在经济问题分析中，多重均衡对应非线性动态方程的多个定态解，它表明经济演化的最终结果即使趋于定态，趋于的定态也可能并非是唯一的，究竟会达到哪一种均衡，将取决于外部环境中的随机因素。此外，多重均衡中有的均衡有可能是低效的，这意味着经济系统演化最后趋向的结果有可能并不是效率最优的，例如，资产价格泡沫现象就是一种多重价格均衡。

经济学意义上的均衡是经济学家从物理学中借鉴、发展来的概念，可以理解为"力量的平衡"，与物体的运动一样，经济系统中的特定元素也会受到来自不同方向的各种经济力量的制约，所以，均衡的一般含义是指经济系统中某个特定经济元素或经济变量在各种经济力量的制约下所达到的相对静止状态，或者理解为没有内在"变革倾向"的一种相对稳定状态。

西方经济学中，"均衡"被广泛运用。例如，在微观经济分析中，市场均衡可以分为局部均衡和一般均衡，多重均衡模型也常被用来研究金融脆弱性、金融危机或金融危机的预测防范等。

## 二、分岔

分岔（Bifurcation）常出现在动态系统的数学研究中，是指系统参数（分岔参数）小而连续的变化，结果造成系统本质或拓扑结构的突然改变，简言之，分岔是指一个动态系统的解所发生的变化，是具有重要意义的非线性现象。分岔理论主要研究非线性方程（微分、积分、差分方程等）中的参数对解的性质的影响，其中，参数与解的稳定性、周期性、平衡位置等性质的关系是研究的重点。该理论为协同学、耗散结构理论都提供了有用的工具。20 世纪 70 年代后期，关于混沌现象和奇异吸引子的研究结果表明，连续发生的分岔往往预示着混沌的出现。

分岔现象广泛存在于自然界中，天体物理学、流体力学、化学反应、非线性振动、生物发育、基本粒子理论等学科领域都有涉及。早在 19 世纪，雅可比、庞加莱等就已使用"分岔"术语，在数学理论研究外，通过计算机进行数值模拟是研究分岔的主要手段，20 世纪 80 年代前后，真正的实验观测迅速增加。

分岔一般分为两种类型：一种是局部分岔（Local Bifurcations），是指可以用局部稳定性进行完全分析的分岔，所谓局部稳定性，即参数通过临界值时，平衡点、周期性轨迹或其他固定点的局部稳定性。另一种是全域分岔（Global Bifurcations），是指无法用局部稳定性完全分析的分岔，一般是指较大的不变集有重叠，或者是与系统的平衡点重叠，则不能只靠平衡点的稳定性来分析。

对于系统面临在演化路径选择中的分岔来说，尽管具有随机性，但是，一旦做出了选择，就将发展出一段具有一定确定性的历程，同时也会制约着系统"未来"的演化，这种性质被称作路径依赖（Path-dependence）。路径依赖，是强调系统未来演化趋势将依赖于系统所处的现时状态或初始状态。分岔表达了非线性系统参数量对平衡点的量变到质变的影响。例如，公共政策的变化有可能导致经济系统内部作用机理的变化，从而使得系统在之前的发展平衡点发生分岔，"过去"的经济发展态势在相应环境作用下发生改变。

## 三、突变

突变（Catastrophe）是指当系统参数越过某一分岔点时，系统状态所发生的跳跃性即非连续性的变化，是一类特别的分岔。突变性是系统非线性典型特性之一，是指只要在系统的控制参量变化的分岔点上，系统就会从一种定态向另一种定态发生突变；只要具备了一定的条件，突变就会从系统中众多相互作用着的内在因素中产生。在分岔点上，系统对于涨落特别敏感，一个微小的扰动就可能使系统由热力学分支进入耗散结构分支，分岔使系统的演化路径具有多种可能性。典型的例子是金融危机爆发时所伴随发生的股票价格大幅度甚至是"断崖式"下跌现象，也常被称为"崩盘"。突变可以发生在不同的稳定多重均衡之间，也可以发生在均衡与非均衡、非均衡与非均衡状态之间。

突变论是法国数学家托姆于 20 世纪 60 年代末提出的一种拓扑数学理论，也被普里戈金和协同学学者认为是耗散结构论和协同学理论的数学工具，该理论在研究系统复杂性中具有特殊意义。突变与系统的存在状态及其演化背景密切相关。系统由低级到高级的发展过程是以系统内部自组织能力增强为标志的，由简单到复杂的发展过程是以内部自组织形式为标志的，突变过程则是以系统内部及与环境之间通过涨落、非线性相互作用及非平衡态构成的特定组织方式为内在机制的。基于涨落的随机性，导致了系统对于演化方向的选择也具有不确定性。

突变有两种情形：第一种是骤变，区别于渐变的骤变，强调变化发生的瞬时性、骤然性，可以忽略时间间隔的变化；第二种是突跃，这种突变不会使系统消灭，而是使系统脱离惯常特征状态，从而使系统得以"生存"。系统的主要演化方式是渐变还是突变，曾经一度成为学者们激烈争论的焦点。通常的理解是，剧烈、迅速的变化是突变，轻微、缓慢的变化为渐变，即两者的区别在于变化速度。但实际上，在系统相变过程中，中介态不稳定的相变才是突变，反之则是渐变。并非所有的相变都是突变所致，渐变也可能导致相变，相变是突变的必要条件；相变即是质变，突变和渐变都可能导致质变。如果把质变看作是系统飞跃，则"飞跃"既非时间长短也非速度快慢，而是演化过程的中断。突变与渐变，在系统自组织演化过程中，实际上是相互联系、密不可分的，"结构不稳定性是以一种结构稳定性的方式出现的"。

突变论结合间断与连续、渐变与突变，深入刻画了自组织过程中，系统结构和功能的量变与质变的关系。系统的层次性会影响到突变和渐变的相互联系。超循环（Hypercycle）进化方式有两种：一种是由低级循环向高级循环演化的聚合式发展，另一种则是在已有的超循环基础上的继续演化。前者的演化经由系统整体的突变，而后者的演化则经由系统局部的突变和整体的渐变。一般来讲，自组织系统中子系统的突变是经常存在的，而那些得到系统宏观响应的微观突变将会演变成为系统整体的宏观突变。

## 四、混沌

20世纪60年代初，美国气象学家洛伦兹在研究天气预报中的大气流动时，不仅揭示出混沌（Chaos）现象具有不可预言和对初始条件敏感依赖这两个基本特点，而且还发现了貌似无序、实则仍然有某种条理性的混沌的重要特性，提出了著名的蝴蝶效应（Butterfly Effect）这个概念。1975年，混沌作为数学名词由美国数学家约克在其一篇论文中正式命名为Chaos，经过四十多年，如今已经发展为应用范围极广的，主要涉及物质科学、数学科学以及系统科学的多学科交叉学科，成为有着丰富非线性背景和深刻数学内涵的现代科学的重要分支。混沌，是指确定性动力学系统因对初值敏感而表现出的不可预测的、类似随机性的运动，又称浑沌。混沌是非线性动力学的重要概念之一，体现了确定性动态系统所蕴含的一种内在随机性，特别是这种随机性还具备有序性。由于环境随机因素的作用，复杂系统运行过程中的微涨落有可能会导致的巨涨落，属于初值敏感性问题，比如众所周知的"蝴蝶效应"。涨落，是相对于系统平均状态的偏差波动，对系统的自组织过程起着触发、催化的作用，是系统演化的直接诱因，也是促进系统从不稳定状态跃迁到一个新的稳定有序状态的杠杆。

随着简单机械论观念的瓦解，复杂性不断被揭示，混沌现象虽然没有明显的周期和对称，却具备丰富的内部层次的有序状态。混沌固有的确定性可以使得系统具有可预测性，然而，混沌是对初始条件有敏感依赖性的一种宏观无序但微观有序的非线性、非周期性现象，这就导致长期预测性会受到新的可能特性的限制。混沌理论认为，系统的行为是动态演化的，其演化过程中可能会呈现出有序态、无序态、混沌态、反混沌态以及自组织临界态五种状态，且这几种状态下的系统各自具有不同的预测特性。

现代科学的发展表明，几乎所有系统从本质上说都是非线性的，都具有某种混沌特征，混沌概念有较强普适性，混沌学通过各种时空尺度揭示了各学科的共同点，加强了科学技术各领域的横向联系。

## 五、开放性

热力学第二定律，研究处于封闭状态的孤立物理系统的行为和规律，封闭系统的熵变结果，是趋于最大熵值从而达到平衡。传统物理学用这种封闭系统的思维方式说明一切系统都是存在片面性的，因为物质世界系统本质上都是开放系统，封闭系统思维方式不能说明生命现象。系统开放性思维方式就是从有机观点出发，强调系统与环境的有机联系，认为一切局部性的、小区域性的及特殊性的规律，都应服从于环境、全局、大区域和普遍的规律。孤立系统思维方式的缺陷，在于割裂了这种联系。

贝塔朗菲在研究动态系统理论的结构时指出，特别引起他兴趣的观点首先是关于"开放系统"的，即像任何活的系统那样与环境发生着交换的系统的理论。并且还指出，除控制论外，动态"流体"平衡和开放系统理论已经被广泛应用于物理、化学、生物等诸多学科中。普里戈金在研究现代科学对时间的新发现时指出："基本问题在于这样一种冲突状态：一方面是建立在决定论和时间上可逆规律基础上的经典物理学中的静态描述；另一方面是其基本要素中显然包括概率性和不可逆性的所知道的世界。"

系统与环境相统一的观点，从系统与环境保持物质、能量与信息交换的开放系统角度，去认识系统的稳定性和进化，突破了传统物理学的局限。拉兹洛基于开放系统研究，使用了次有机、有机和超有机三个概念，"次有机"指物理、化学、天文学等学科所研究的对象，"有机"指生物科学所研究的对象，而"超有机"则指社会科学所研究的对象，是三个不同层次的开放系统思维方式。

# 六、自组织性

自组织理论的创始人普里戈金、哈肯等是从试图解决系统进化和退化两种演化方向的问题出发来分析系统复杂性的，解决途径是在自然界和无生命世界寻找进化的现象，采用适当的数学工具建立相应理论。他们指出：客观世界存在的演化方向可以是进化，同样也可以是退化，条件不同，系统实现演化的结果就会不同，这种观点统一了不同演化方向上的演化理论。他们在研究较为简单的自然界"进化"现象基础上，建立起了自组织理论，进而建立整个世界的演化理论，然后再以之解释部分社会进化现象。

在1965年的一次理论生物学国际会议上，普里戈金第一次提出了"耗散结构"的概念，所谓耗散结构（Dissipative Structure），是指在开放和远离平衡态的条件下，系统在与外部环境交换物质和能量的过程中，通过能量耗散过程和内部的非线性动力学机制来形成与维持的宏观时空有序结构。这是一种全新的结构，需要用新的理论方法来讨论。经过了十多年的研究，最终形成了耗散结构理论，普里戈金获得了1977年的诺贝尔化学奖。德国物理学家哈肯在研究激光形成机制的时候，发现在自然光向激光转化的过程中，光子的自发热运动与光子集体的定向运动存在着相互斗争和此消彼长的特质，并且存在着"临界点"。在临界点之上时，光子集体的定向运动将占据主导地位，从而形成激光；但是如果在临界点以下，自发热运动就会占主导地位，从而呈现出自然光。哈肯将其推广开来创立了协同学。由于这两种理论都研究了系统向有序转化的机制问题，被统称为自组织理论。

自组织理论是研究复杂系统演化的理论。自组织系统是指无须外界特定指令就能自行创生、自行组织、自行演化，并能够自主地从无序走向有序，从而形成一定结构和功能的系统。系统自组织性是指系统从无序或低级有序状态自发组织成一种有序或高级有序状态的特性，是系统的复杂特性之一。系统自组织性的产生基于系统的三种能力：一是自我调节能力，即系统能依据环境、自身状态和系统目标，对系统行为进行自主调节；二是自我完善与更新能力，即当系统在与环境相互作用中受到挫折或不适应时，系统能进行自我调整和修复且产生出新的机制；三是自我催化能力，即系统依靠自身能力或行为之结果作用于自身，形成反馈机制，从而加速自身进化进程。

自组织原理强调了系统的演化在于自身的能动性，依据耗散结构理论，一个系统要能够自发组织起来形成耗散结构，必须满足自组织的条件。其中，系统的非线性作用机制是生成自组织性的根本原因；系统开放性是自组织性存在的必要条件；系统涨落是自组织性产生的动力；而自组织的质变既可以通过渐变的方式产生，也可以通过突变的方式实现。

# 七、自组织临界性

自组织临界性（Self-Organized Criticality，SOC）理论是复杂性科学中的一个重要分支。1987 年，Bak、Tang 和 Wiesenfeld 提出了"自组织临界性"这个概念，该理论发展过程中存在着学术争议。目前，国内外众多学者尚未给出数学表达式或者形成普适性定义，但是，SOC 理论却能够成功解释大量时空复杂系统内所发生的短时相互作用的行为特征，于是，被广泛应用于宇宙起源、地震科学、森林火灾、太阳耀斑以及经济现象等研究领域，取得了突破性的进展。Bak 认为，从揭示复杂系统演化模式的角度，自组织临界性理论是唯一可以解释产生复杂性的一般机制的具有实用意义的理论。

自组织临界性是作为非平衡态统计力学的一个分支建立起来的，是将物理学家玻尔兹曼和吉布斯创立的统计物理学与非平衡物理的真实世界联系起来的一种新的思维方向。从应用上看，该理论可以用于解释广延耗散动力系统（Spatially Extended Dynamical Systems）的组织原则，即开放、远离平衡态以及相互作用的耗散动力系统，会通过自组织过程自发地向临界态演化。这类系统的共同特征是能量的注入通常是缓慢、持续且均匀地进行，而能量的耗散却是瞬时的、"雪崩式"的过程，能量的注入与耗散在方式上存在反差。当系统达到自组织临界态时，掌握系统自组织的程度，抑或临界行为的鲁棒性是相当重要的，能量耗散事件的尺度或强度分布会服从幂律关系，探寻局域阈值的存在是自组织到临界态的必要条件。

所谓自组织临界状态，就是动态系统的吸引子，吸引子是指相空间中满足稳定性、终极性和吸引性三条性质的点的集合。常见的吸引子有五种：一是焦点和结点，表征系统的平衡运动；二是极限环，表征系统的周期运动；三是环面，表征拟周期运动；四是奇怪吸引子，表征系统混沌运动；五是混沌的边缘，表征介于有序（前三类）和混沌之间的运动体制。

自组织临界性有两项特征。一项是空间上的分形（Fractal）结构和时间上的闪烁噪声（Flicker Noise），指过去发生的事情对将来要发生的事情会有影响，区别于白噪声（White Noise）表征系统的内部无相关性，闪烁噪声表征系统是具有长程相关性的，是自组织临界性的特有性质。另一项特征是自组织临界性涌现于"混沌边缘"，且具有最大概率的演化性和创新性。混沌边缘是指处于周期区和混沌区之间的一个极窄的区域，此区域恰好位于有序与混沌之间的临界点上，其邻近轨迹按照幂函数发散，表现为一种"弱混沌"，此时的系统将会具有最大的复杂性。系统的时空动力学行为在达到该状态后就不再具有特征时间和特征空间尺度了，而是会表现出满足幂定律分布的覆盖整个系统的时空关联特性，可以自发调整并且运行效率最高，而且还具有长期预测的可能性。其中，包括突变事件的规则性（Regularity of Catastrophic Events）、分形（Fractals）、噪声和查波夫定律（Zipf's Law）四种现象。

## 八、目标性

演化中的随机性对复杂系统来说具有极其重要的意义，因为，正是这种随机性才决定了系统演化的复杂性，决定了在演化过程中要进行选择，而要选择就必须有信息输入、有控制，从而导致了一系列复杂的、有目的性的行为。

把目标思维引入系统思维，是现代复杂系统思维方式区别于以往哲学思维的一个重要特征。在系统科学中，控制论最先引入"目的性"概念，在研究自动调节、自动定向系统过程中，以"目的性"表示系统存在类似动物通过反馈以调节系统自身行为的特性。需要注意的是，控制系统的反馈调节行为是非意识的，是以在自动机系统中"复制"人类自觉能动性为前提的目的性，且其运行也是在人的直接或间接控制下进行的。贝塔朗菲则指出："过去科学的唯一目标似乎是进行分析，把实际存在的事物分割成一个个尽量小的单元和孤立的单个因果链。因此，物理实体被分割成大量的质点和原子，生命有机体被分割成细胞，行为被分割成反射，知觉被分割成点状的感觉，如此等等。与此相对应，因果关系基本是单向的。"实际上，物质系统的因果关系极为复杂，单因果关系不可能将其完整表示，他提出了三种模型：一是异因同果模型，指从不同的初始状态出发，系统通过不同的途径趋向同一特定的最终状态；二是反馈模型，把动态平衡自动维持在一个特定状态或跟踪一个目标；三是适应性行为模型，系统通过各种方式，如试错法，最终稳定在不再与环境临界值相抵触的范围内。这是区别于机械系统因果目的性思维方式的一种探索。

## 九、趋极性

演化是复杂系统的一个基本特征，是一种不可逆的运动形态。这种不可逆性不仅仅只有那些宏观的、不可化约的多体系统才具有，而是客观事物的一种普遍属性。因为任何实际的系统原则上都是复杂系统，无论它是具体的还是抽象的。而简单系统，则是在一定条件下的简化系统。系统的演化必然会具有一定的规律性，探索这些规律就成为系统理论的重要研究内容。系统演化和系统本身一样复杂，演化规律也多种多样，最为重要的一条就是系统的趋极性原理。趋极性原理，是指复杂系统的演化总是趋向某个由它自身与环境共同决定的终极状态，即稳态，该状态往往对应一个"自然极值"。

一个非线性、非平衡态下的自组织系统，在外部条件作用下，其内部大量元素通过一定的非线性相互作用，会形成整体相干效应，组成系统的一种亚稳态结构，产生有别于各个元素性质及其简单加总的新的系统整体性质及功能。系统的整体性质再通过其结构与功能的整体作用，形成一种新的整体制约，从而系统在这个整体制约下演化和发展。这种由大量元素间非线性相干作用形成的，反过来又制约着所有元素各自运动的性质，实质上就是系统演化过程中一定要发生的、确定不移的趋势，而这个趋势就是趋向一个稳态，原因很简单，如果终态不是相对的稳定态，系统演化就不会停止下来，直到达到某种稳定状态为止。

稳定性是系统科学中一个十分重要的概念，如果系统经过不超出一定范围的扰动后，仍能够自发恢复到原来的状态，那么这种状态被称为稳态。稳态可以很简单，可以是一个点、一个环，在数学上被称为不动点、极限环。哈肯和钱学森都曾指出，这个稳定的不动点和极限环是系统演化的目的点与目的环。对于复杂系统来说，稳态的结构也可以是十分复杂的，例如，自组织临界态和混沌理论中的奇怪吸引子就是一类复杂的稳态。当系统达到均衡态，意味着系统在一定局域内达到稳定态，所以，有可能在某些限制条件下，难以从中"逃逸"，这种情况称之为"锁定"（Lock-in）。这种"锁定"也被称为"势阱"。比如，所谓的"恶性循环陷阱"，就是一种锁定行为。

苏格拉底可谓是最早对此原理加以表述的古希腊智者，明确提出了作为事物发展变化终点的"目的"这一概念。亚里士多德继承、发展了"目的论"，不同之处是他认为"目的"是由事物自身决定的，成为内在目的论的思想渊源。亚里士多德的观点来源于对大量自然现象，尤其是生命现象的观察，认为事物的运动变化总是趋向某个终极"理想"状态，奔向这个目的是事物发展的一个基本动因。在哲学领域，关于趋极性的研究是围绕"目的论"展开的，而在科学领域，则是关于数学的极值问题、变分法，包括物理中最小作用量等原理。哈肯和钱学森对终极状态的认识就是将"目的"与相空间中的稳定吸引子联系了起来，即"目的"不仅是一个终极状态，而且是一个稳定状态。

趋极性的意义在于三个方面：第一，表明复杂系统演化是不可逆的而且具有方向性，即使演化路径可能复杂曲折，但必定指向一个相对确定的"目标"，而且只有演化到这个终极状态后，才能保持稳定或转化为其他事物。第二，终极状态不仅可以被定性描述，还能对应一个特定的"自然极值"。例如，力学系统演化到它的势能最小的状态，而经济系统可以演化到高效益状态，等等，分别对应了势能最小值和效益最大值。第三，终极态在时间上是超前的，是属于一种尚未实现的状态，但是，对系统来说，终极态却具有类似万有引力一样的"吸引力"，使得系统演化具有方向性。

## 十、自然极值

极值状态是系统所趋达的终极状态，是由系统自身的组成和结构以及与环境的相互作用共同决定的。如果一个系统必然会演化到某个特定的极值状态，那么，无论具体演化过程的情况如何，也无论需要多少演化时间，最终，系统都会达到这个状态，由于这个过程并非取决于系统和环境之外的"外界因素"，故而该状态被称为系统的"自然极值状态"。正如任何一个特定的状态通常都可以由一个或几个参数来描述一样，自然极值状态也可以由不止一个自然极值来加以描述。尽管自然极值状态可以事先预测，但却并不是"已经"存在，而是系统演化的结果。

对于生命界、有机界和社会等复杂系统来说，达到自然极值不完全是随机的。因为这类系统一般都具有程度不同的自适应、自学习、自调节或者自复制功能，有一个保持、发展"自我"的基本目的，对于这类系统可以引入一种被称为"自我意识"的选择机制。这里的所谓适应，是指系统在其演化进程中要从维持和发展系统自身"生命"出发，不断调整结构及与外界的关系，使系统既能有效向内从环境中获取生存发展的资源，又能有效向外排出演化过程中产生的"废物"。因此，在这种系统与环境的双边适应活动中，如果系统过度顾及自身"利益"，就有可能损害环境，最终导致系统不能继续生存。系统需要与环境保持双向适应，故而一个有"自主"意识的系统就会"构筑"合适的选择标准，这个标准就是最优、最佳的"理想状态"。

对于有些复杂系统来说，只是考虑"最优"往往不够，还存在一个效率问题，即花费的代价与得到的效益的比值问题。从经济学上讲，效率即"性能价格比"。可见对一个复杂的演化而言，最优化、效益、价值和效率的核心都是"耗费最少而获利最多"，这种状态也就是系统追求的演化终态。系统演化的自然极值状态，也可以理解为一种高效或最优的稳态。既然所有的复杂系统都在自己演化的过程中趋向某个极值，那么就可以考虑根据这个规律来预测演化结果。如果这个"极值"是所需要的，就促进其实现；如果这个"极值"是不利的，那就控制系统改变其演化方向。当然，理论上希望达到最优的结果，但受到各种现实条件的限制，可能往往会退而求其次，即追求现实的相对最优而非理论最优。最优化，在理论上虽可以得到证明，但要想达到系统最优，就必须时时、处处最优，而这在实际生活中几乎是不可能实现的。

# 第三章　金融系统演化的复杂性

20世纪80年代末兴起的经济全球化浪潮，主要表现在生产全球化、贸易自由化和金融全球化等方面。金融全球化只用了二十几年就由欧美蔓延到了亚洲，世界各国的国内金融市场也在这个大趋势下已经或正在融入全球金融市场，那么，全球金融市场就会成为一国金融系统的外部环境。而一国金融系统如果是开放系统，则必定向外部经济、外部金融系统开放，基于系统复杂性理论对金融风险进行分析，可以在传统金融危机理论基础上开拓一个新视角，也更有助于对未来金融危机发展态势和方向上的认知和把握。在经济关系中，从事金融活动的"人们"之间所产生的各种关系和行为的总和则构成了金融系统。要解析金融系统复杂性，有必要先对金融系统有较为清晰、合理的界定，其次应对本系统内部结构以及作用机制有全面的认知，在系统内外部因素作用下，才能对金融系统演化轨迹做出合理推测和刻画，从而分析出可能导致系统发生突变甚至金融危机爆发的主要影响因素。

本章基于系统的视角给予了"金融"新的定义，在对金融系统的边界进行界定的基础上，基于系统自组织理论和相关非线性理论，论述了金融风险生成的必然性。复杂性科学理论近30年才成为金融市场价格波动规律研究中的理论热点，目前，国际上关于金融、经济复杂性理论的研究方兴未艾。要对金融市场乃至金融系统的复杂性机理进行探索，还有许多的难点和问题值得探究。金融系统复杂性研究是一个社会科学与自然科学相交叉的研究领域，需要以数学理论与方法为先导、以经济与金融理论为框架、以智能建模和信息技术为辅助的三维知识模块相组合，所涉及的基本知识理论包括非线性动力学、分形几何理论、混沌理论、金融市场理论、国际金融学、计量经济学、数理统计学和计算机科学等。

# 一、经济系统概述

经济系统，是人类社会经济系统的简称，是人类在物质资料的生产和消费过程中，不同地区、部门、单位和环节等所构成的社会经济统一体。包括相依共存的三个子系统：一是由社会再生产过程中的生产、交换、分配和消费等经济活动环节所组成的系统；二是由国民经济系统中的工业、农业、商业、交通运输等物质生产部门所组成的系统；三是由人类系统中的科学技术、文化教育、休闲娱乐等非物质生产部门所组成的系统。

经济系统的基本要素是"人"，是人类社会系统的基础子系统。人，是一切社会关系的总和，所以经济关系又是其他一切社会关系的根本。社会系统、经济系统和自然生态系统是三个性质不同，有着各自结构、功能、存在条件和发展规律的复杂系统，彼此并不孤立，而是互相依存、相互制约，通过"人"这一"耦合器"耦合成为复合生态系统。

社会系统，即人类社会系统，是人的群体共同劳动和生活的有机整体，由"人口、自然环境和文化"等要素子系统所构成。自然生态系统，是自然界的生命子系统（包括动物、植物、微生物等）与其生存环境子系统（无机物、阳光、温度等）在特定时空的有机结合。自然生态系统包括四种结构要素：自然环境（理化因子）、生产者（植物）、消费者（动物）以及分解者（微生物）。社会系统、生态系统、经济系统耦合为社会·生态·经济复合型系统，成为人类社会生态系统的基本构型，是不可割裂的统一的整体。生态系统和经济系统是呈并列关系的系统，经济系统的发展要以完善生态系统为前提，以生态系统为系统外部环境。总之，人类发展经济，应以环境保护为前提，既重视经济效益又重视环境效益，使两者达到平衡。

经济系统结构是指经济系统中各个要素之间的空间关系，包括企业结构、产业结构、区域结构等。经济系统是一个由许多系统构成的多层次、多因素的复合系统，系统结构有多重含义。从一定社会生产关系的总和来考察，主要通过各种生产资料所有制经济成分的比重和类别来体现；从国民经济各部门和社会再生产的各方面的组成考察，则包括产业结构（如第一产业、第二产业、第三产业的构成或农业、轻工业、重工业的构成等）、分配结构（如积累与消费的比例及其内部的结构等）、交换结构（如价格结构、进出口结构等）、消费结构、技术结构、劳动力结构等；从所包含部门的范围来考察，则可分为国民经济总体结构、部门结构、地区结构以及企业结构等；从研究需要的不同角度来考察，又可分为经济组织结构、产品结构、人员结构、就业结构、投资结构、能源结构、材料结构等。

20世纪70年代以来，金融创新、金融全球化的发展使传统金融与经济的关系由"金融是经济的重要发展力量"演变成为

"金融是经济的核心"这样一种现代金融与经济的关系。如果将一个国家的经济看作一个系统,那么,金融系统就是经济系统的子系统,经济系统则是金融系统的环境。

## 二、金融的定义

国内通行的金融定义是"货币资金的融通",国内的金融学教材中,一般都把"金融"的范畴界定为"货币与信用的融合"。黄达教授在《中华金融辞库》中从本质上表述了金融一词的内涵和外延,"金融可以理解为凡是既涉及货币又涉及信用的所有经济关系和交易行为的集合"。《新帕尔格雷夫经济学大辞典》中提到了金融的中心点是资本市场和资本资产的运营以及资本资产的供给和定价,其方法论是使用相近的替代物给金融契约和工具定价。

基于以上分析,以系统的视角可以定义"金融"为由货币供给者和需求者组成的以基于信用本质的各类金融工具的应用为内部机制连接而成的行为的集合。

## 三、金融系统的边界

系统科学研究事物,通常可分为微观、中观、宏观三个层次。微观层次指系统的构成,包括构成成分和构成方式两个方面;中观层次指直接面对的研究对象,例如,某个物体或某种现象被作为一个整体来考虑时,这个研究对象就是一个系统;

而宏观层次则是指这个系统作为一个整体如何与其环境相互作用的问题。显而易见，系统复杂性决定了仅仅局限于一个层次上分析问题，是难以得到理想结论的，必须结合另外两个层次找到必要的论证依据，所以，对系统的研究必须要分析元素之间的关系、系统与要素的关系、系统与环境的关系，而首要问题就是系统边界划分，即系统的界定。

所谓系统的边界，是指把系统与环境分开来的界限。从空间上，可以把边界解释为将系统与环境区别开来的所有点的集合，例如，一个国家的边境。从逻辑上，边界可以理解为系统的作用机制从发生作用到作用消除的界限，即系统的"特质"从生成到消除的界限，例如，基于某种政治体制的国家。边界是客观存在的，系统都会有边界，但有的系统边界形态可能难以明确或难以辨认，而有的系统边界模糊，系统的"特质"从有到无是逐渐过渡的，抑或复杂系统的边界还可能有分形的特性，即系统之间在边界地段相互渗透，难以明确划分等。

金融系统作为一个社会系统，是经济系统的子系统，由于货币运动在经济活动各方面几乎无处不在，因此，空间定义上金融系统所包含的对象范围是非常复杂的。但正如本章所提及的金融的基本范畴——货币和信用，这两者就是现代金融系统的"特质"，因此，可以先从逻辑上定义金融系统的边界，即货币和信用从存在到消失的界限，就是金融系统的边界。

从空间意义上对金融系统予以界定，可以将其分为静态和动态两个层面。静态的金融系统可以界定为在一定空间区域范围内，从事金融行为的所有机构和个人。比如美国华尔街的所有金融机构和所有在这些机构从事金融交易的交易者就可以构成一个静态空间意义上的金融系统，尽管这些金融机构和交易者可能位于世界各地，也可能以个人或机构的不同名义参与金融交易，但是只要这些交易行为位于华尔街，就是这个金融系统的构成要素。

　　动态空间意义上的金融系统的界定可以借鉴"流"的概念。现代经济系统的运行可以划分为四个基本"流"——物流、货币流、信息流和人流，这四种"流"的运动彼此互为因果，互相驱动，有机融合在一起，首先，可以从动态空间意义上，定义这四种"流"中任何一种或几种的产生和消亡就是经济系统的边界。其中，"货币流"是指货币及货币资本的流动，是紧随其他三者一起流动，极少可能脱离其他经济行为独立运行，但其他三者的流动却可能在一定情形下脱离或极少牵涉金融行为而运行，那么，第二种解释就可以认为伴随着物流、信息流或人流的货币流的产生和消亡就是金融系统的边界。

## 四、金融系统思想的萌芽

　　经济学理论研究的早期，货币被认为发挥着"中性货币"的作用，即随着生产力的发展和"信用"的产生，少数经济学家开始意识到金融系统对于经济发展的重要性，并从系统整体层面诠释金融对经济的作用。

　　熊彼特认为金融系统所提供的诸多金融服务（储蓄、信贷、项目评估、风险管理、监督管理等）构成了金融发展和技术创新的基石。希克斯（1969）在其著作《经济史理论》中详细论述了金融系统在英国工业革命中的促进作用，认为工业革命并不是技术创新的直接结果，其本身不足以刺激经济增长，工业革命只有在金融革命发生之后才有可能发生。因为工业革命初期的技术创新多数发生在工业革命之前，相反，那些新技术的应用，往往需要大量投资于特定项目的高度非流动性的长期资本，这在金融市场体系不发达的情况下是不可能办到的。

帕特里克（1966）在《欠发达国家的金融发展和经济增长》中的分析，为考察金融系统的结构演化提供了一个有益的视角，他提出在金融发展与经济增长关系问题上存在两种类型，即供给领先型（Supply-leading）金融和需求追随型（Demand-following）金融。在实践中，这两种类型通常交织在一起，但却又存在一个最优顺序问题，即在经济发展的早期，供给领先型金融会居于主导地位，而随着经济发展的深化，需求追随型金融则逐渐成为主导。这意味着随着经济发展水平的提升，金融制度的内生性要求会显著加强。帕特里克还假定资本存量与实际产出之间存在较强正相关，在金融发展和经济增长的诸多关系中，重心是金融资产与负债存量、实际资本存量的关系，金融系统对资本存量的影响，主要体现在通过金融中介促使资本所有权和构成发生变化，或者促使新资本从低效生产用途转向高效生产用途，或者促使人们愿意储蓄、投资并积极工作，这都提高了资本配置效率并加快了资本积累速度。

熊彼特、希克斯和帕特里克的研究重点并非直接指向金融系统，但是他们分别从金融系统目标、金融系统功能以及金融系统的结构变动等方面，对金融系统做了重要的侧面分析，可以视作早期金融系统思想的萌芽。

## 五、金融系统是复杂适应系统

经济复杂性的提出是在 20 世纪 80 年代。针对当时经济理论中主流学派的一般均衡理论,一个由经济学家、数学家和物理学家组成的研究团队指出了其理论局限性,认为它不能揭示复杂经济系统中的多层次、强耦合、非线性、不确定性、动态性等现象及特点,提出了"将经济看作一个演化的复杂系统"的命题。从此,关于经济系统是一个演化的复杂系统的理论研究开始在全世界范围内兴起。

金融系统具有开放性和广泛的社会性,不断与外界进行的能量、物质和信息交流,使金融系统成为非平衡、非有序的耗散系统。耗散是系统复杂性的根源,使系统产生诸如分岔、混沌以及突变等复杂的系统非线性行为。

金融系统由具有有限理性的人的一切复杂金融活动和人与环境的复杂关系所组成,人的思维及其行为必然作用于系统,使得系统中由于信息不对称存在蝴蝶效应、道德效应、风险逆向选择效应等,这一切都有可能使系统的初始微小动荡以几何倍数放大,因此,金融系统要素"活"的机制构成了系统高级的非线性机制,是具有适应性的复杂系统。

## 六、金融系统是复杂巨系统

金融系统的内部结构,以及金融系统与其他系统间的结构关系，是与所属国家系统的整体目标相适应的。在现代中央银行制度下，纸币成了不兑现的信用货币，在一国总体经济目标下，金融市场上的金融机构呈现多元化，金融工具也不断被创新，加快了经济发展速度，而且渗透到居民生活的诸多方面。现代金融市场上一般以单位属性将金融机构划分为居民、企业、政府和对外金融机构四个部门，同时，一国金融系统内部结构又有许多中间层次，元素之间复杂的金融活动使得一国金融系统形成一个复杂的巨系统。

系统科学认为，如果系统中元素种类庞杂且有层次结构，其关联方式又很复杂（如存在不确定性、非线性、动态性等），这就是复杂的巨系统。

人类社会的存在和发展，本质上都是经济行为，这种经济活动归根结底分为两种：物质、文化产品的"创造"和"流通"，而以货币循环流为表象的金融行为必然成为经济活动的核心。最初的货币流只是物流的一个手段而已，但随着人类社会的发展，"信用"的创造使本来意义上的物流与货币流的关系发生了转变，货币与信用在发展中的完全融合使货币运行变得越来越复杂。

在货币运行的循环过程中，原有债权债务关系不断被解除，新的债权债务关系又不断产生，资金供需的不平衡需要通过资金融通加以调节，因此，资金融通的顺畅与否对经济活动具有重大的影响。在金融市场的运行过程中，在金融市场的四个部门之间，以及在每个部门内部的各种活动之间必然会形成一个错综复杂的巨型信用网络。这一网络的形成也意味着现代意义上的金融复杂巨系统的形成。在这个巨系统中，人是最基本的元素，债权债务的清偿依靠金融工具的产生、转移和消亡，使资金得以融通，并出现循环的货币流。

## 七、金融系统是非线性系统

金融系统作为复杂的巨系统,其基本功能是产生和运行货币。在宏观层面上,它遵循系统自组织的作用机制,而在微观层面上,金融系统在内外部驱动作用下,元素之间的作用方式是繁杂多样、不可尽述的,但是有一点却是共同的,那就是这些方式组合在一起实现系统整体功能的作用机制,既不是线性的,也不是简单可加的,而是系统复杂性的基本特性——非线性。

在经济活动中,实体经济系统和金融系统既相互紧密联系,又具有相对独立性。如果设实体经济系统为自变量集合,设金融系统为因变量集合,那么,两者之间关系的映射将是非常复杂的非线性映射。以一个非线性离散动态系统描述金融系统:$X_{n+1} = f(X_n, C_n, R_n)$,其中,$X_n$ 为系统状态向量,$C_n$ 为可控因素向量,$R_n$ 为不可控因素向量,如果根据哈肯协同论中的"役使原理",将可控的政策力和不可控的外力内生化,则系统可表述为广义动态系统方程:$X_{n+1} = g(X_n) + \varepsilon_n$,即将系统行为设为系统内在动力 $X_n$ 和外部扰动 $\varepsilon_n$ 两种作用的叠加,则非线性映射 $g(\cdot)$ 可以用来解释系统内的本质特性。

帕特里克针对金融系统的结构演化提出了供给领先型金融和需求追随型金融,这种视角恰好有助于深入揭示金融系统的非线性机理。在经济发展过程中,由供给领先型金融为主导转向需求追随型金融为主导,而且金融资产与负债存量和实际资本存量的关系是重要的变量关系之一。在资本存量和实际产出之间有很强正相关的假定下,金融系统对资本存量的影响主要体现在三个方面：首先，可以促使资本存量的所有权和构成发生变化，使得既定数量的有形财富增加或者提高资本配置效率；其次，可以促使新的资本由较低生产性用途转向较高生产性用途，提高新资本的配置效率；最后，可以促使人们增加储蓄、投资和工作量，加快资本积累的速度。

虽然帕特里克的研究对象并非直接指向金融结构，但是其提出的"供给领先"和"需求追随"两种金融类型的交织现象却描述了金融系统作用机制的两个方面。

一方面，是系统的外部驱动作用。在实现经济系统目标时，金融系统作为一个子系统，金融功能是依附于商品经济而存在的，金融系统向环境开放。此时，系统与环境进行物质、信息的交换，承受环境的输入和扰动，向环境输出，金融系统为达到外部环境要求而运行"供给领先"型金融。

另一方面，是系统的内部驱动作用。在系统对环境开放的运行过程中，金融系统自身内部结构和功能也会随之变化，系统自身出于主动适应和进化的需要，系统内部也会产生需求，此为具有系统内生性的"需求追随"型金融。

在金融运行过程中，无论是系统内部还是外部驱动作用，每一个系统元素的经济、金融行为，都会对货币流的运行速度和方向产生或大或小的影响。在激烈的商品市场竞争中，元素的行为准则即系统元素的作用机制是追求利润最大化，利润根据商品销售价格与商品生产、运输和销售等环节所累积的成本之差计算，由于受到价值规律的约束，商品的盈利注定只会在有限的区间内浮动。然而在瞬息万变的金融市场中，资本的供给和需求处于非实物生产的"信息"生成之中，有些信息基于实体经济，另一些信息则来自虚拟经济，使得各类金融工具的价格波动可以远远超越其真实价值和普通个体的认知范围，所以系统元素的作用机制通常就只是众所周知的那个词——预期。

预期收益率的涨落牵动着资金的流动，在现代金融市场中，大多数金融交易尤其是衍生金融产品极易放大各种金融预期，同时又由于金融系统运行有"自增"即正反馈的特性，所以预期收益率的提高，就可能引发价格泡沫，泡沫膨胀到一定程度，又会引发预期改变，此时，价格可能逆转直下，导致动荡。由于信息的不完全对称，特别是在经济周期的低谷阶段，金融交易中的道德风险和逆向选择的出现概率增大，金融系统内在和外在的随机扰动因素数量增加，使得金融风险集聚，金融系统稳定受到冲击。一旦这种风险累积到一定程度，造成系统信用网络的某一环节断裂，就有可能导致多米诺骨牌效应，使这一网络的部分或所有的环节都发生断裂，造成系统动荡甚至导致系统崩溃。

由此可知，金融系统内部复杂性的产生机理怎可能是一个"线性"可以了结的，而且，即使了解了"非线性"来自系统内部和外部驱动力的综合作用，想要完整地描述和刻画出具体的数理关系也绝非易事。复杂性科学自建立至今，已经建立了包含系统的演化、自组织、自适应、自相似、涌现、分形、分岔和混沌等诸多分支理论的学科体系，但将相关理论用于金融系统的研究仍有待进一步深化。

金融系统中的众多元素间有着复杂的关系，这种非线性的相干作用在金融系统中充分发挥作用，不仅使金融系统内部的各元素间，结构的各部分、各层次间呈现多向且相互作用的组织方式，同时，在系统与环境的相互作用上，金融系统也表现为不断地与环境交换能量，引入"负熵"流，维持自身的有序和演化。全球信息技术的快速发展，使得全球的金融系统呈现出典型的开放性特征，各国的金融系统从来都是处于非均衡的常态，系统内的各种梯度推动着整个系统不断寻找新的耗散途径，直到形成新的稳定的有序结构。因此，金融系统是耗散的，存在着形成混沌行为的因素。其实早在20世纪80年代，威廉·巴尼特（Barnett）和陈平就揭示了货币运行中存在着的奇怪吸引子，发现了货币运行中的混沌特征。Scheind－man 和 Baron（1986），Sayers（1998），Frank等也分别在股票市场、外汇交易、期货行情中找到了混沌吸引子。

因此，金融系统在演化的过程中，不断遭受大量来自系统内部和外部的随机扰动的冲击，在系统非线性作用下，当某些扰动的作用力达到冲击系统稳定性的程度时，就可能导致系统紊乱甚至崩溃，系统发生突变的外在表象就是爆发金融危机。由此，金融系统的复杂性就会使系统演化出现不确定性，通过对金融危机演化机制的研究有助于对系统演化的这种不确定性有更深入的认知和把握。

## 八、金融风险的演化原理

社会系统演化的必然性与偶然性互动的内在机制，显然与自组织系统的必然性与偶然性互动的一般机制具有共同的特征，金融系统也不例外。

由于金融系统演化过程中偶然性与必然性的客观存在，对于自身演化方式、演化方向与演化速度等方面具有一定选择过程，这个选择过程在金融系统的不同失稳点上的表现尤为突出。

一般来说，当众多的系统元素处于一个相对稳定的系统结构与功能的整体制约下时，系统通过整体上的结构和功能控制，可以有效利用偶然发生的有利因素，消除偶然发生的不利因素，在时空上保证自身的秩序，使整体的演化保持相对的稳定性。但是，一旦金融系统处在整体结构与功能的失稳点或其整体的质变点时，其内部诸元素在外界作用下的合作与竞争过程就会变得异常复杂。

从系统自组织理论的观点来看，金融系统的失稳点，实际上是在系统内外部因素异常作用下，使多种现实可能性共存、形成多种现实可能性之间合作与竞争的系统的分岔点，为系统进一步的演化路径提供了进行多种选择的现实基础。当内外条件的随机变化导致系统失稳，出现分岔点是具有必然性的。但是，一个系统的内外条件如何变化，在何时何地出现分岔点，这又是有偶然性的。当系统处于分岔点时，由于受一定条件的制约，系统的选择范围总是有条件的、有限的，这是有必然性的。但是由于各种内外条件不断变化，系统在分岔点处有限的选择范围内做出何种选择又是有偶然性的。

系统在分岔点处的选择过程，还会受到一定统计规律的制约，即在众多与有限的内外因素相互合作与竞争过程中，一些较能适应变化并能与之保持一定协调关系的社会因素，在与其他因素的合作与竞争中往往会占据主导地位，使其所对应的某种演化方式、方向与速度具有较多的以至最大的系统整体加以选择的现实可能性，这是必然的。

金融系统通过选择过程后，无论形成的是进化过程，还是退化过程，都是某种对过去或将来的不可绝对重复也不可绝对还原的不可逆过程，即这类选择过程必然使金融系统在演化方式、方向和速度等方面发生不可逆的转变，这是有必然性的。但是，在经济系统不可逆的必然演化趋势的某一分岔点处，转向的是进化过程还是退化过程，基于何种演化方式、方向与速度，又是受到其内外条件和随机因素影响的，使系统的不可逆过程具有多种可能性，这又体现了偶然性。

现代信用货币制度把经济系统中所有的居民、企业、中介组织和政府机构等都卷入信用的网络中。在这一错综复杂的信用网络中，以利率、汇率和股价为代表的金融工具的价格等行情的变动，都将直接或间接影响他们的利益，他们在金融活动中相互作用和相互制约，形成了一个有机的金融系统，并使这个系统的规模达到了巨系统的级别。

金融风险，指的是与金融活动有关的风险，如金融市场风险、金融产品风险、金融机构风险等。一家金融机构在具体的金融交易活动中出现的风险，有可能对该金融机构的生存构成威胁；如果因经营不善而出现危机，还有可能对整个金融体系的稳健运行构成威胁；一旦发生系统风险，金融系统运转失灵，则必然会导致社会经济秩序的混乱，甚至引发严重的危机。金融系统性风险，就是金融系统内部子系统之间、子系统与外部环境之间存在的不平衡积累到一定程度，致使系统演化至分岔点，远离稳态的一种系统表征。在一定的内外部因素作用的催化下，金融系统就会发生演变，致使系统发生局部或整体变化。

金融风险导致金融系统剧烈震动，促使系统产生突变时，就可能爆发金融危机。金融危机本质上是金融系统演化过程中的某种必然事件，是系统演化的必然性与偶然性综合作用的结果，是金融风险集聚到一定程度使系统处于失稳点时，金融系统在演化方式、演化方向和演化速度等方面的带有偶然性的调整与转变，而且这种转变不可绝对重复也不可绝对还原，是一个不可逆过程。

# 第四章　金融危机的系统演化原理

马克思指出，资本主义的基本矛盾就是生产资料私有制和生产的社会化之间的矛盾，在资本主义制度体系下，这个矛盾必然会导致经济危机的爆发并伴随着金融危机，经济危机和金融危机是不可能消灭的，它们是资本主义制度固有的矛盾。

在物物交换的时代是不可能产生金融危机的，而在商品经济时代，货币作为支付手段，随着信用的发展，就蕴含了危机生成的可能性。流通之所以能打破产品的交换时间、交换空间和个人的限制，是因为它把在此处换出自我劳动产品与彼处换进他人劳动产品两者原本在物物交换时的直接同一性，分裂成了买和卖这两者之间的对立。如果货币作为支付手段所发挥作用的结果是彼此的债权相互抵消，即作为支付手段的货币中潜在包含的矛盾未曾实现，那么，就不会有危机。自资本主义制度确立以来，世界上发生了多次程度不一的经济和金融危机，伴随着危机的发生，全球经济系统也在逐渐形成而且不断发展、演变。本章将从复杂系统的视角，基于系统复杂性相关理论，对经济全球化背景下的国际金融危机的生成、深化等过程进行全面的分析，以此探寻当前国际金融危机的演化特征和未来可能的演化路径。从方法背景来讲，研究金融危机的演化动态问题，是一项需要学科交叉的综合性、创新性工作。

# 一、理论背景

金融危机是一个内涵极其丰富的概念。著名美籍比利时经济学家雷蒙德·戈德史密斯曾经别有趣味地将金融危机比喻为西方文化中的"美女",尽管难以明确、完整对其定义,但其特征明显,一旦遇见就极易识别。他本人对金融危机如此定义:"所有的或绝大部分的金融指标的一次性的急剧、短暂、超周期地恶化,这些指标包括短期利率、资产价格、厂商的偿债能力以及金融机构破产数目等。"《新帕尔格雷夫经济学大辞典》将金融危机表述为"全部的或大部分的金融指标——短期利率、资产(如证券、房产、土地)的价格、商业破产数目以及金融机构倒闭数目——急剧、短暂和超周期的恶化"。

国际金融危机的生成与扩散是金融系统非均衡演化的经济现象,是金融系统复杂非线性作用的集中体现,应用现代系统理论从系统复杂性的角度揭示金融危机的生成、深化与扩散,结合定性分析和定量分析的研究方法,对金融危机的动态演化过程开展研究,十分必要而有意义。

应用金融、经济系统的复杂性理论对金融危机的系统演化动态的研究尚处于初级探索阶段,因此,在前人相近研究成果基础上,从金融危机的传统理论方法过渡到金融系统复杂性理论方法,针对国际金融危机的生成、深化和后危机时期各个演化阶段的系统复杂特性,尝试开展较为系统的综合性研究,是具有重要意义的。

金融系统一经形成,就具备了自身的固有特性,系统运行就遵循一定的规律。在系统理论背景下，这种规律性就是系统复杂性作用的结果。金融危机的发生，是系统复杂性的作用结果之一，是金融系统演化过程中的必要环节之一，也是系统"动态"的表征之一。

### （一）"演化"

所谓"演化"（Evolution），通常用来描述复杂事物经过较长的时间历程，其原来的性质、特点、结构等特性经过事物内部与外部的交互作用，由平稳的渐进式发展或剧烈的突变式改变而成为具有新特性的事物的过程。"演化"与"演进"意义相似，比"变化"内涵丰富。"演进"具有较强的方向感，其含义为于演化中改进、进化，"变化"一般指较短时间内事物较简单的改变，所以，可以理解为"演化"具有三个特性：复杂性、无定向性（进化或退化）和长时性，是适用于复杂系统研究的广义概念。系统的变化具有不可逆性，称为"演化性"。

经济系统和生物系统一样，演化主要是由两种机制推动的。一是创新机制，通过系统的创新产生多样化；二是选择机制，即在这些多样化中进行系统筛选。魏特和霍奇逊曾经指出，"新奇"在经济演化中起到关键作用，这也是演化经济学与新古典经济学在研究纲领上的基本区别。演化经济学家们在解释持久的经济演化过程时，只将生产要素的投入作为必要条件，而充分条件则来自新古典经济学中"偏好"的形成、技术和制度的创新、新商品的出现以及新资源的发现或创造，所以，"创新"是经济系统演化的核心动力，在演化经济学的框架中被设置为经济系统的内生因素。因此，如果说新古典经济学是研究"存在"（Being）的经济学，那么，演化经济学就是研究"生成"

(Becoming)的经济学。

因为,金融系统是一种复杂的适应性系统,所以,就存在以"资本逐利"为目标的金融创新的内在动因,就存在系统结构、功能和作用机制的不断发展变化的驱动力,系统便会演化。

## (二)"动态"

天地万物的存在以"动态"为常态,"动态"是永恒的,宇宙是对立统一的。

古希腊文明的"宇宙观",把宇宙看作在永恒的演化、自发运动之中,认为宇宙万变与生成是自明之理,宇宙物质被认为是某种活着的东西,生气勃勃,永不停息,即为"动态"的宇宙。亚里士多德认为,"运动不是产生出来的,也不会灭亡,而是一向存在,并且还要永远存在下去,即,这个没有灭亡没有停止的东西是事物的固有属性,仿佛是一切自然构成的事物的生命似的"。

老子的道学认为,"有物混成,先天地生;寂兮寥兮,独立不改,周行而不殆,可以为天下母;吾不知其名,字之曰道,强为之名曰大"。所谓"周行而不殆",即为"动态"。"人法地,地法天,天法道,道法自然。""道"即变易之道,是物质的运动及其规律,是天地万物生成变化的最终原因,是天地万物永不枯竭的运动之源。"道"是天地之根,寓于天下万物"动态"之中,故"道常无为而无不为",这"无为而为"即为"动态"。"道生一,一生二,二生三,三生万物"的生生不息,即为"动态"。

《周易》是一本探讨变易之道的书。《周易》把矛盾双方的关系看作根本,"刚柔者,立本者也",阳刚、阴柔乃立卦之根本,

《周易》中世界体系的要素就是立足于阴阳的对立双方，即一对基本矛盾。"穷则变，变则通，通则久"，《周易》的道理是事物发展到极限之时，便会产生变化，变化了就能通达，通达了就能够保持长久。

### （三）金融危机：系统演化过程中的"动态"

基于古人的哲学观，系统演化过程可以理解为系统遵循其"道"的运动过程。人，作为宇宙物质的一种组成形式，自然有其"动态"，社会系统的缔结也是人类"无为而为"的结果。金融系统作为社会系统的子系统，在实体经济与虚拟经济的矛盾中演化，发展到极限时，"穷则变"。金融危机的发生就是一个"变"字，"变"即为系统动态，演化是一种系统"动态"，而"动态"也寓于演化之中。

所以，所谓"变则通，通则久"，金融危机的本质属性就是，它是金融系统演化中的"动态"，在现有的以政府"信用"为前提、以发达国家资本主义制度为主导性作用机制而存在的经济、金融系统演化过程中，金融危机是不可能消失的，金融危机是随着现有金融系统演化而存在的，是系统的固有属性。

## 二、方法背景：四代模型综述

从资本主义制度确立开始，经济危机、金融危机就如影随形地存在，经济学家们对"危机"的研究至今也有 200 多年的历史了。早期的危机理论一般围绕着"经济危机"展开，直到 20 世纪 70 年代，经济全球化的加速带动"国际金融系统"的发展进入膨胀、扩大时期，国际性货币金融危机开始登上世界经济的历史舞台。

金融危机理论研究的发展，基本可以分两个时期。第一时期是 18 世纪中叶至 20 世纪 60 年代，这一时期主要研究国内金融危机，有影响力的理论主要有欧文·费雪的"债务——通货紧缩论"、雷蒙德·金德尔伯格的"过度交易论"、海曼·明斯基的"金融不稳定假说"、沃尔芬森的"资产价格下降论"以及托宾的"银行体系关键论"等。第二时期是 20 世纪 70 年代至今，国际金融危机频繁出现，催生了金融危机理论研究的创新、深入和发展，大致可分为四代模型。

## （一）第一代模型

第一代为货币危机模型，也称"外生政策"模型，最早由克鲁格曼（1979）、弗拉德和加勃（1984）提出，主要适用于维持固定汇率制的国家采用扩张的国内信贷政策以支持国内经济扩张的情形。当实际货币和名义货币的需求不变时，货币当局为了预算赤字，优先进行货币融资，只能依靠国际储备的调整来实施。信贷扩张将会导致外汇储备流失，当外汇储备流失到特定底线时，外部的货币投机冲击将会耗尽剩余的储备，从而导致固定汇率制瓦解，汇率自由浮动。

第一代货币危机理论主要适用于分析发展中国家的货币危机。该理论强调外汇市场上的投机攻击与宏观经济基础变量之间的联系，例如，墨西哥（1973~1982 年）和阿根廷（1978~1981 年）的危机，爆发危机的原因都是扩张的货币政策。在克鲁格曼的完全预见能力模型中，货币危机的根源在于政府宏观经济政策与稳定汇率政策（如固定汇率制）之间的不协调。在此模型基础上，弗拉德和加勃放弃了其完全预见能力假设，而是假设国内信贷过程具有随机性，投机攻击时间也不确定，从而构建了比较简单的线性模型。

康纳利和泰勒（1984）分析了蠕动盯住汇率制与投机攻击的关系，指出危机爆发前存在实际汇率升值以及经常项目恶化等问题，在模型中引入了汇率崩溃前的贸易商品的相对价格变动；Edwards（1989）也强调了货币贬值前会出现的货币升值、经常项目恶化。后来，克鲁格曼和罗滕伯格（1991）将原先的模型加以拓展，考虑到了投机者所冲击的目标区域问题。1994年墨西哥危机后，弗拉德等（1996）、拉希里等（1997）又增加了中和干预政策与利率政策的影响，继续拓展和完善了第一代模型。

## （二）第二代模型

第二代货币危机模型，也称"内生政策"或"例外条款"模型。为了解析20世纪90年代欧洲货币体系危机，奥布斯特菲尔德（1994、1996），萨克斯、托美尔和维拉斯科（1996）等人在模型中引入了非线性因素和政府政策对私人行为的反应，强调了基于投机者的信念和预期，多重均衡和危机自促成（Self-fulfilling）性质，最终可能导致政府捍卫或放弃固定汇率。

政府维护汇率的过程是一个复杂的、权衡政策目标成本收益的过程，维护汇率稳定收益表现在三方面：一是消除利率自由浮动给国际贸易与投资带来的不利影响；二是发挥固定汇率的"名义锚"（Nominal Anchor）作用，将固定汇率作为调控国内信用、抑制通货膨胀的手段；三是维护该国荣誉或兑现国际经济合作的承诺。政府最终放弃固定汇率的原因在于某些因素使得维护固定汇率的成本代价过高，比如存在严重财政赤字或国内需求严重不足等，政府试图采取扩张性政策扭转经济萧条，却受到固定汇率制度的阻碍。政府能实施例外条款，即令汇率升值或贬值，当汇率预期贬值时，投机者会发动货币攻击，那么，政府捍卫固定汇率的成本将显著增加，货币危机可能会提前到来，最终促使政府放弃汇率制度，因而使得预期的作用导致货币危机自促成。

### （三）第三代模型

1997年的亚洲金融危机表明，金融自由化、资产泡沫化、大规模外资流入与金融中介的信用过度扩张和监管不力等因素，都是导致金融危机爆发的重要因素，而且金融中介尤其是银行中介的作用不可忽视。很显然，第一、第二代模型难以解释此类危机。第三代模型开始强调金融中介在金融危机酝酿过程中的作用，但是还未形成统一的分析范式，综合这些原因，从强调金融系统内部各行为主体的不同这个角度，可将第三代模型大致归为"道德风险""金融脆弱"和"金融恐慌"三类模型，分别强调了"政府""金融机构"和"投资个体"的突出作用。

（1）道德风险型危机模型。克鲁格曼（1998），麦金农和皮尔（1997），科尔塞蒂、佩森蒂和鲁比尼（1999）等都分析了国内银行体系借贷政策中的道德风险问题。由于政府对国内银行负债的隐性担保，国外投资者一般会以较低的利率借款给国内银行，于是，那些资本充足率低又监管不力的国内银行就会大胆地将资金投向高风险领域，导致资产泡沫化。当泡沫破灭时，国内银行资产负债必然随之恶化，因不良贷款激增而陷入困境。由于政府和银行之间的紧密关系，国外投资者有理由相信，该国政府会对这些国内银行持有的巨额不良贷款进行融资，此时，这些不良贷款相当于转变成为政府的财政支出，基于此种原因引发的金融危机模型被称为"道德风险"型。

（2）金融脆弱型危机模型。萨克斯（1996）提出的多重均衡模型是以1994~1995年墨西哥危机的爆发为经济背景，这次危机很快波及阿根廷和巴西等国，被称为"龙舌兰风暴"。他认为，银行体系的资产健康状况应当是金融危机研究的核心，信贷膨胀预示着国内银行体系的脆弱性加大，如果政府通过提高利率来维护汇率，高利率可能造成高负债企业破产而导致银行危机。危机爆发与否还取决于两个条件：一是经济恶化时资本外逃总量是否大于资本储备；二是投资者是否抽逃资本又取决于政府汇率措施。他的应对办法是，由一个贷款者提供新资金的注入。

在第三代模型中，基于萨克斯的思想，以银行为主体的金融体系的脆弱性一般都可以归结为货币流动性危机，例如，流动性市场无效率模型、协调失败模型、孪生危机模型、危机传染模型以及"外资诱导型"的货币危机模型等，都从不同侧面分析了银行体系的脆弱性风险来源以及危机发生的作用机制，这些模型都可以归入金融脆弱型危机模型。

（3）金融恐慌型危机模型。所谓金融恐慌，是指由于某种因素，短期资金的债权人突然大规模从尚具备清偿能力的债务人那里撤回资金，这是一种集体行为。拉德莱特和萨克斯（1998）、贝拉斯科等（1998）认为多重均衡经济中"不合意均衡"——金融危机发生的均衡——发生的可能性依赖于投资者的预期，当国际投资者预期到货币会贬值时，会大量出售通货，使该国固定汇率制度崩溃，导致货币贬值，进而引发金融危机。东南亚金融危机中韩国、泰国等国家金融危机的爆发就是国际投资者预期的突然变化所导致的。国际投资者对新兴市场通常缺乏充分信息，在一定条件下（如国际贸易冲击、国内经济薄弱等），投资者的信心会突然发生改变，当看到或预期到其他投资者将要撤离资金时，投资者最优的理性选择是在这之前撤离自己的资金，结果导致集体迅速撤离资金的行动，即产生"羊群效应"，使新兴市场产生流动性危机，并最终导致非清偿性危机。

金融恐慌理论对资本流动危机的作用进行了较为完整的描述。亚洲各国在1997年危机前，大多经历了一个国外资金迅速流入的过程，由于外资的流动通常敏感、脆弱，易遭受"金融恐慌"而发生逆转，一旦大规模逆转发生，危机就会发生。

### （四）第四代模型

随着经济全球化和金融自由化的进一步发展，国家之间、企业与政府之间、政府和市场之间的关系越发复杂，需要更为系统的框架来解释金融危机。部分学者（克鲁格曼，1999；Cavallo et al.，2002）在第三代金融危机模型基础上，引入了国家资产负债分析，强调一个经济体（企业或国家等）所面临的内外失衡、货币错配、期限错配、资产结构错配和偿付能力等问题，在金融风险的积累、金融危机的爆发与蔓延中所起的作用，与此相应的金融风险和危机分析框架，被称为第四代金融危机模型。

### （五）经济系统复杂性方法概述

20世纪五六十年代，本质上是一种静态分析的方法的一般均衡理论（General Equilibrium Theory）在西方经济学中成为主流。一般均衡理论认为，各经济行为主体为实现自身目标最优化而相互作用，最终会达到各方面力量的特殊状态——均衡。系统的演化模式被描述为"逐渐趋近并达到均衡状态，在外界扰动下，于均衡附近波动，或准静态地转移到新条件下的稳定均衡"。这一理论较好地解决了系统于均衡稳定点的演化行为问题，建立了完备的逻辑体系。

然而均衡分析是静态分析，对于系统"达到"以及"远离"均衡的复杂非平衡动态过程，却难以进行描述与分析。20世纪70年代金融危机爆发呈现频繁之势，在日渐超出一般均衡范式的经济现实中，迫切需要经济分析方法上的革新，以期解释这种非均衡演化的经济现象，于是，促使"经济是一个演化着的复杂系统"的命题得以展开。

1985年，普里戈金首次提出社会经济复杂系统中的自组织问题。1988年，圣塔菲研究所组织的一个专题讨论会的主题就是"经济可以看作一个演化着的复杂系统"，召集了数学、经济、物理、生命科学以及计算机等多学科专家参与其讨论。会议给出了一个描述演化的经济的基本思路："经济系统可能存在着内在核心动力机制，并且，这种机制可以用低维变量与参量的子系统来表示，支配整个经济的发展演化行为。"

1991年，加州大学伯克利分校的数学大师斯蒂芬·斯梅尔曾提出动力系统的十个大问题，认为前八个已有进展，第九个问题就属于"经济"领域，即如何把当时经济主流理论的"一般均衡论"发展成为"动态论"，将是未来经济理论的主要问题。

非线性动力学是分析和解释非线性动态现象的主要方法。从经济分析论的角度来看，将非线性动态分析技术引入经济中的想法早已有之。1947年，萨缪尔森在著名的《经济分析基础》一书的第二部分中，就已明确提出动态非线性研究方向，但当时非线性系统分析方法尚未全面展开，难以进一步深入和展开。到了 20 世纪六七十年代，非线性动态研究在气象学、生态学等领域中取得了显著成果，奠定了该学科理论与方法的基础。1990 年，Benhabib 和 Day 将其引入经济动态分析，除了决定论的非线性常微分方程、差分方程之外，随机微分方程也大量开始被应用，如 Fokker-Planck 方程、Master 方程等。还有一批很有典型意义的方程拓宽了对非线性系统的研究视野，例如，Duffing 方程、Lorentz 方程、Lotka-Volterra 方程，还包括 Brusselators 三分子模型等，尽管最初是在特定领域中应用，但它们所揭示的非线性动力学特征都为复杂经济系统提供了更广泛、深入的认知。

目前，关于经济系统、金融系统复杂性的文献主要围绕着系统非线性、分岔、混沌、突变等特性在经济、金融系统中的作用、产生原因、检验方法等内容而展开，由于这种社会系统结构过于复杂，元素数量过于庞大，很难如物理、化学、生物系统那样建立明确的系统方程，探究深层动力学机制。所以，大部分学者倾向于把证券市场作为金融市场的典型代表，以股票指数时间序列作为系统特性的研究对象，从中探寻各种复杂性的存在，并取得了一定的成果。无论是美国还是中国的证券市场，有代表性的股票指数序列分析都证实了混沌、分形、标度现象、幂率分布等非线性特性，在此不一一赘述。

在前文的介绍中，不难看出，尽管第二代模型已经开始引入非线性分析，但金融危机分析方法的基础仍然是一般均衡论，基于复杂系统视角针对金融危机的研究尚处于初级阶段，许多相关文献也主要处于理论定性分析阶段，部分文献的数理分析也大多建立在股票指数、汇率指数在危机发生期间的混沌性检验、分形维数计算或者 Hurst 指数的计算的基础上，也有文献将基于 Duffin 方程的混沌控制理论应用于研究金融危机控制过程等，其具体内容在其他章节中会分别阐述，在此不再赘述。但可以明确的是，与本书理论背景相似、研究对象（金融危机）相似的期刊文献和学位论文完成时间大都在 2009 年以后，而且与本书论题相似的不多，即基于系统复杂性视角探讨金融危机完整演化动态的文献很少。这说明了两点：一是应用系统复杂性理论研究金融危机问题，开始为学术界所重视；二是本书的研究视角和论述重点，具有创新性和现实意义。在第六章中，本书将对金融危机的演化进行实证分析，以揭示和验证在金融风险的特殊演化状态下，金融系统复杂性的存在和具体表现。

## 三、演化历程

货币与信用是金融系统的最基础的元素。金融系统演化的最明显特征是货币与信用的演化，而货币又是其自身与信用演化的集中反映，因此，从某种意义上说，货币的演化反映了金融系统的演化。经济危机、金融危机的产生是国际货币体系变迁的必然产物，货币体系的演化史也是金融危机的演变史。

国际货币体系的演化大致可以分为五个阶段，依次是：1880~1914 年，国际金本位体系时期；1915~1943 年，前布雷顿森林体系时期；1944~1975 年，布雷顿森林体系时期；1976~1986 年，以全球浮动汇率制为特征的后布雷顿森林体系时期；1987 年至今，以经济全球化为背景的货币区域化和美元化时期。

1880~1914 年这段时间被称为金本位体系的"黄金时期"，

但"黄金的自律并不构成人类对清偿力增长的自律"成为货币体系核心问题的缺陷，其临近崩溃的原因大致可以归为三点：一是巨额、持久的经常项目收支失衡，而巨额国际资本流动掩盖了国际收支的不平衡；二是金融危机频繁爆发，以美洲为主要区域的十多个国家都遭受了不同程度的银行业危机的侵袭；三是英镑作为关键通货，其巨额境外结存给金本位制度的基础带来严重冲击，使英国在后期已无力维持英镑对黄金的平价。第一次世界大战将危机的彻底爆发推迟了。

"一战"之后人们曾一度恢复金本位制度，这使得金本位的彻底崩溃被推迟到了大萧条之后，人类的社会、经济、政治和文明在大萧条时期都经历了深刻的危机。金本位积弊日久的体系性危机要求人们重新认识货币的本质，任何以"实物资产"充当本位货币的体系的维持成本，都会因这种实物的稀缺而不断上升，从而导致此要求无法被满足，人们需要的是通过"本位货币"表征的信用秩序。

20世纪30年代至第二次世界大战结束前，金本位制处于崩溃状态，为尽早结束国际货币体系的混乱和动荡不安，美、英等国开始倡导重建国际货币体系。1944年，基于全球固定汇率制的布雷顿森林体系诞生。这种虚金本位实质上就是霸权主导下的美元本位。布雷顿森林体系所隐含着的矛盾，通常被称为"特里芬两难"（Triffin's Dilemma）：如果美国国际收支保持顺差，则国际金融市场将出现美元短缺，不能满足国际货币的支付功能；如果美国国际收支保持逆差，若要满足国际间支付和储备的增长需求，逆差的扩大会导致美元泛滥、贬值，美元的信任危机将动摇布雷顿森林体系的基础。1960年，作为关键货币的美元爆发危机，拉开了全球性金融危机的序幕，1967~1969

年，英镑、法郎、德国马克和美元同时发生危机，1971 年，布雷顿森林体系崩溃。

1976 年 1 月，牙买加会议通过了国际货币基金组织（International Monetary Fund，IMF）协议第二次修正案，做出了黄金非货币和浮动汇率合法化等规定，标志着后布雷顿森林体系的建立。美元摆脱了虚金符号，成为非制度化的主要本位货币，汇率调节将主要依赖市场机制的自发调节。由于大国之间制度化货币合作实质上的松散，包括"成为主要国际储备资产"的特别提款权的原本应受 IMF 监管的浮动汇率过程并没有发挥实效，因而，后布雷顿森林体系实质上成了国际放任自由制度（Corden，1983），被称为"无体系的体系"（International Monetory Non-system）。这段时期，暴露出以多种纯粹信用为基础的国别货币充当世界货币时，货币体系的清偿力的适度增长与国际收支协调这两个核心问题都存在的缺陷。世界范围的通货膨胀开始蔓延，区域性金融危机也频繁爆发，除了两次石油危机外，几乎所有的发展中国家都经历了不同程度的金融危机。

1987 年，区域汇率协调安排使得货币区域化趋势随着经济全球化的加速而形成，欧元面世，并且，美国经济所保持的长周期的景气也使美元占据了强势。20 世纪 90 年代爆发的西欧货币危机、墨西哥金融危机和亚洲金融危机等，更进一步使美元占据了主导位置。但是，美国次贷危机和由此引发的 2008 年的全球金融危机显现了美元化在过度金融创新作用下的恶果，作为新兴国家的代表，中国在此次危机中脱颖而出，人民币国际化备受瞩目，国际货币体系开始向多元化货币联盟迈进。

## 四、演化特征

金融危机演化的特征可以归纳为危机生成根源、危机类型和危机生成的时空变迁三个方面。

### （一）金融危机生成根源的转变

金本位体系时期，金融危机的根源在于以"实物资产"充当本位货币，终会因这种实物的稀缺而发生体系性危机。当一国经济发展到饱和时，就会与其他国家建立贸易、金融等经济联系，所以，"黄金"的退位就需要有能够表征信用秩序的"本位货币"就位，此时的金融危机根源就会演化为"信用"危机。信用的过度膨胀使金融系统远离平衡态，于是，浮动的汇率制度方便了国际资本流动，国际借贷的膨胀导致国际收支失衡，引发债务危机，金融机构道德风险引发流动性危机等。

根据国际货币体系的演化历程和危机模型的综述，如果从"信用"的危机生成根本出发，那么，自19世纪末期至今爆发的诸多金融危机的生成根源的转变可以归纳为四个演化阶段，依次是基于"黄金"的实物货币资本稀缺阶段，基于"信用货币"的资本借贷失衡阶段，基于"浮动汇率制度"的国际收支失衡阶段，以及基于"金融机构"的过度金融创新阶段。

### （二）金融危机类型的变化

IMF在1998年发布的《世界经济展望》中，将金融危机大致分为四类。

（1）货币危机（Currency Crises）：当某国货币汇率受到投机性攻击时，该货币出现持续性贬值，或迫使货币当局增加外汇储备，并大幅度提高利率等。

（2）银行业危机（Banking Crises）：银行不能如期偿付债务，迫使政府出面提供大规模资金救援以避免违约的发生。一家银行的危机发展到一定程度有可能波及其他银行，从而引起整个银行系统的偿付危机，导致金融动荡，市场不能有效发挥作用，使经济活动整体上受到影响。

（3）外债危机（Foreign Debt Crises）：一国内部支付系统发生严重混乱，无论是主权债还是私人债等外债，都不能按期偿付。

（4）系统性金融危机（Systemic Financial Crises）：也称"全面金融危机"，指主要的金融领域都出现较为严重的混乱，例如，货币危机、银行业危机、外债危机的同时或相继发生。

从货币体系演化历程的分析当中，不难总结出，早期金本位制度下主要在个别国家内爆发单一的银行业危机；布雷顿森林体系的建立，促进了国际贸易、国际信贷的发展，危机爆发的类型由基于"信用货币"的资本借贷失衡导致的货币危机，如20世纪六七十年代美国、欧洲爆发的危机，进而转向基于"浮动汇率制度"的国际收支失衡导致的外债危机，如20世纪80年代墨西哥债务危机；金融自由化、全球化进程中爆发的危机就已经具有系统性金融危机的特征了，如2008年美国金融危机。

## （三）金融危机的时空变迁

根据第二次世界大战后各国金融危机发生与持续的时间情况，汇总整理了金融危机发生时间，如表4-1所示，以及国际性经济危机、金融危机发生的时间、类型及区域分布概况，如表 4-2 所示，从中可以大致了解第二次世界大战后世界范围内金融危机生成的时空变迁。

表 4-1 第二次世界大战后金融危机发生时间分布

| 时间 | 20 世纪 70 年代 | 20 世纪 80 年代 | 20 世纪 90 年代 | 21 世纪初 | 21 世纪 10 年代 |
|---|---|---|---|---|---|
| 美国 | 1973.12~1975.4 | 1980.2~1982.12<br>1987.10~1990.1 | 1990.8~1991.3 | 2000.3~2001.12<br>2008.10~2010.9 | — |
| 欧洲 | 1971.2~1972.2<br>1973.11~1975.8 | 1979.7~1982.12<br>1988.5~1991.6 | 1992.9~1993.12 | — | 2009.12~2018.8 |
| 日本 | 1970.8~1971.5<br>1973.12~1975.2 | 1980.3~1980.9 | 1991.4~1993.10<br>1997.11~1998.7 | — | — |
| 俄罗斯 | — | — | 1997.10~1998.9 | — | — |
| 墨西哥 | — | 1981.8~1984.1 | 1994.12~1996.2 | — | — |
| 巴西 | — | — | 1999.1~1999.9 | — | — |
| 泰国、韩国 | — | — | 1997.10~1999.9 | — | — |

表 4-2 第二次世界大战后国际金融危机发生时间、类型及区域概况

| 发生时间 | | 危机类型 | 中心区域 |
|---|---|---|---|
| 国际经济危机 | 国际金融危机 | | |
| — | 1960.9~1960.12 | 美元危机 | 美国 |
| — | 1967.10~1969.10 | 美元、英镑、法郎、马克危机 | 美国 |
| 1969.10~1972.2 | 1971.5~1971.12 | 国际货币危机 | 欧洲 |
| 1973.11~1975.8 | 1973.12~1975.5 | 国际货币体系危机 | 美国、欧洲 |
| 1980.1~1980.9 | 1982.7~1984.12 | 国际债务危机 | 墨西哥 |
| — | 1992.8~1993.9 | 欧洲汇率机制危机 | 欧洲、日本 |
| — | 1994.12~1996.1 | 墨西哥金融危机 | 墨西哥 |
| — | 1997.7~1999.3 | 东南亚金融危机 | 泰国、韩国 |
| — | 2008.10~2010.9 | 美国次贷危机 | 美国 |
| — | 2009.12~2018.8 | 希腊主权债务危机 | 欧洲 |

注：21 世纪初、21 世纪 10 年代数据为补填数据。
资料来源：向新民. 金融系统的脆弱性与稳定性研究 [M]. 北京：中国经济出版社，2005.

从表 4-1 和表 4-2 中可以看出，第二次世界大战后，国际性金融危机发生的时间间隔大体呈现长—短—长—短的交替变化。危机爆发的间隔期平均为 5 年左右，危机持续期平均约为 2 年。20 世纪 80 年代以来，时间间隔在重复，中心区域却在移动。从空间上来看，美国和欧洲以及亚洲发达国家日本是金融体系发达国家和地区，系统开放度也更强，系统演化速度快，是各类危机爆发的聚集区，其次是与其地理位置邻近的南美洲和东南亚国家，说明金融危机爆发的空间演化趋势必将是由发达国家转至地理位置邻近的发展中国家，经过一定时期的自组织演化后，继续向其他邻近的经济发展水平较低的国家转移，例如，从南美洲、亚洲转向非洲。

## （四）金融危机演化具有系统复杂性

1975 年，拉美国家率先实行资本市场开放，1985 年以后，欧洲共同体也加快资本市场开放，1989 年后，拉美和东亚国家再次进行贸易、金融开放，金融自由化的浪潮席卷全球，国际金融市场一体化的步伐加快。各国相继进行了以金融自由化和国际化为目的的金融体制改革，纷纷施行了诸如放松金融管制、降低金融准入条件、允许混业经营、放宽对资本流动的限制以及开放国内金融市场等措施；与此同时，移动电话、计算机、互联网等信息高科技技术迅猛发展，为金融业的全面创新奠定了科技基础，金融创新浪潮推动了金融衍生工具的开发和使用，使虚拟经济有了更深层次的发展，全球金融系统——一个复杂的、开放的巨系统——开始形成。

1962 年、1979 年、1987 年、1997 年以及 2008 年几次全球性金融危机的相继发生，既无法用决定论的确定性概念解释，又不能归因于随机论中简化性的外部冲击。如果将虚拟经济看作一个大的系统，那么按照其涉及的不同市场，又可将该系统分成诸多子系统，如股票市场子系统、债券市场子系统、外汇市场子系统以及衍生品市场子系统等。子系统内的基本元素是异质投资者，系统中价格的波动表征了系统的波动。由于子系统内部具有异质投资者，当价格波动幅度超过某一水平时，会引起短期投资者的集体行动，而对于中期投资者来说，这一波动仅被视为一个很小的波动，如价格上升则正好提供一个买进的机会，此时，子系统不会产生大的崩溃；而当子系统内价格的波动幅度增强，中期投资者也开始关注时，将产生群体行动，最后导致"羊群效应"，此时，子系统便面临随时崩溃的危险。除各个子系统自身内部的复杂作用外，子系统之间还会相互作用、相互关联。可以说，虚拟经济各子系统内部及子系统之间，以巨大的复杂性形成了一个有机整体，共同演化发展。

## 五、演化机制

金融风险形成、积累和转化为金融危机的过程，是一个金融系统非均衡性从量变到质变的因果累积演变过程，是金融系统演化过程中内部和外部综合作用所产生的系统复杂性的演变过程。传统范式的研究思路，例如，之前提到的四代金融危机模型，主要针对各相关层面经济状态从均衡转向失衡的过程，然而从复杂系统的角度来诠释，金融危机可以理解为是金融系统在自组织演变过程中由临界状态发生系统突变进入混沌状态，并由此从低级有序向更高一级有序演化的转折点。

## （一）自组织临界性——危机的边缘

所谓临界状态，就是动力学的一个吸引子。自组织临界状态被认为是处于混沌的边缘，到达这样的状态后，系统的时空动力学行为不再具有特征时间和特征空间尺度，而是表现出覆盖整个系统的满足幂定律分布的时空关联。自组织临界性有两项特征：一是空间上的分形结构和时间上的闪烁噪声（Flicker Noise），表示系统具有长程相关性；二是自组织临界性涌现于"混沌边缘"，且具有最大的演化性和创新性。

当金融系统演化至自组织临界态时，系统不稳定就会表现为相关金融指标数值的波动。一方面，系统基本元素——金融市场内的参与者，基于经济人理性，可能会集体短时间内抛售金融资产以规避金融风险，出现"羊群效应"，从系统内部增加系统进入不确定性状态的可能性。另一方面，金融系统失衡可能导致资金流动速度的加快和方向的改变，并使物流的速度和方向发生变化，从而引起外部经济环境的变化，导致金融系统与外部环境间能量互换的紊乱，系统运行也会进入不确定性的状态。这两种系统不确定性状态的出现，将会使金融系统的演化进入分岔。

按照耗散结构理论，当"涨落"迫使系统进入远离平衡的状态并且开始改变系统结构时，此系统便达到了一个自组织临界状态，即分岔点，这是具有时空自由度的复杂动力学系统的时空演化的特性之一。分岔就意味着系统在发展过程中获取新质的不确定性。对于某一具体过程，分岔的选择通常具有倾向性，而可供选择的路径数量是有限的。在这个分岔点上，从本质上说是不可能事先预知系统的下一步状态的，然而，系统演化路径从多种可能的路径中一经择定，系统就会进入新的自组织过程，直至达到下一个分岔点。

第二次世界大战以来，以现代通信、交通和信息技术为代表的科学技术发展和经济全球化趋势，压缩了空间，缩短了时间，推动着金融的快速发展，出现了金融全球化和金融创新两大强劲发展趋势。这两大趋势的出现，使金融系统的演化出现了新的特征。第一，金融发展成为现代经济发展的核心，金融运行与现代经济的相关度越来越高，金融活动几乎渗入到了经济活动的所有领域。第二，金融资产证券化程度加强，提高了融资形式的流动性，增添了交易手段，为金融市场增加了市场活力，但同时也增加了货币供求的复杂性和风险性。第三，混业经营使金融各行业之间的界限日趋模糊。各种金融创新虽然拓展了金融机构的业务，提高了金融机构的经营效率，但是也增加了金融系统的风险。

由于制度变革总是具有相对滞后性，旧的金融制度在这样的发展过程中必然会不断遭受冲击，带来金融系统的内生风险与外部风险（国内的经济风险和国际金融风险），使系统的演化进入分岔。分岔使系统演化具有了多种可能性，在极端情形下，分岔既可能促使系统进化，成为系统向更高层次创造性发展的契机，也可能成为系统退化乃至崩溃的起始点。

沙堆模型是自组织临界性理论的最重要模型，是一个基于局部动力学机制而产生整体行为的复杂系统模型。帕·巴克利用这个模型发现了许多自组织临界态的基本性质。

金融市场价格变动和沙堆模型原理是相似的。沙堆模型中，能量的注入类似于持续、均匀地添加沙粒，而能量的耗散则类似于沙粒间歇、非均匀地崩塌，引发崩塌的原因则是沙粒间的相互作用。经济系统中各种信息的传播被看作能量注入的体现，例如，经济增长、科技进步、企业经营状况变动或政治事件等；能量的耗散则外化为股票指数等金融产品价格的波动，而"崩塌"就是元素之间的相互作用的结果。在沙堆模型中，大的崩塌和小的崩塌之间遵循着标度不变性，而股票指数的大幅波动、个别股票的日价波动，包括危机爆发期各国关联股指暴跌的连锁反应，都同样反映了同一信息在不同粒度上的影响。自组织临界性的幂率关系的本质是自组织系统在时间和空间上形成了分形结构，这种分形结构使股指的波动具有自相似性，即不同标度之间的波动模式相似，尽管在幅度上有很大不同。

### （二）系统突变——危机的爆发

2008年10月6日，纽约股票市场遭遇"黑色星期一"，三大股票指数大幅下跌，与此同时，世界各大股票指数相继创出跌幅纪录。美国次贷危机终于引发了金融危机，全球股市也被卷进了这场"金融海啸"，美国金融危机使得全球金融系统发生了突变。

突变是一类特别的分岔，当系统参数越过某一临界值时，系统状态发生的跳跃性变化，即非连续性变化。突变性是指只要在系统的控制参量变化的分岔点上，就会出现从一种定态向另一种定态的突变，只要具备了一定的条件，突变就会从系统中的众多相互作用的内在因素中产生出来。突变论结合了间断与连续、渐变与突变，以深入刻画系统自组织过程中系统结构和功能的量变与质变的关系。

相变是突变的必要条件；相变即是质变，突变和渐变都可能导致质变。如果把质变看作是飞跃，那么，飞跃既不是时间的长短也不是速度的快慢，而是演化渐进过程的中断。美国金融危机导致全球股市发生震荡，股市的传导效应会迅速扩散至实体企业，然后影响到进出口、汇率、债务等子系统之间的相互作用机制，导致动荡的加剧和对系统基础的破坏。美国以及全球主要股票市场的指数暴跌，就是金融系统发生突变的表征。

### （三）协同与反馈——危机的深化和扩散

普里戈金提出"时间流是一个全局的性质"，即"时间之矢"是一种整体性现象的观点，发现引入时间之矢的热力学第二定律和生物进化论，都是从群体角度而非个体角度展开研究的。统计物理学者吉布斯，将大量粒子所驱动的系统作为整体，通过系统方法将群体动力学引入了物理学。"个体物理学"研究物体瞬时相互作用，而"群体物理学"就需要考虑持续的相互作用，不能将"个体"从系统中孤立出来研究。从系统论和控制论的角度，具有自我调节作用的自适应系统内部，必然存在正、负反馈等持续相互作用。在这种复杂高阶的"关联"中，系统的对内、对外的持续相互作用在一定条件的触发下，就会使系统出现新质，区分了系统的过去和未来，使得未来不再包含在过去之中，时间反演对称被打破了，这种时间的对称破缺正是持续相互作用造成的整体效应。

金融危机的对内深化和对外扩散，是金融系统演化发生突变后的必然过程。就系统内部而言，危机的爆发会造成系统各组成部分之间（如子系统之间或元素之间）的差异，有差异就意味着不平衡，由于系统的关联性、整体性等特性的存在，这种差异性就会产生"协同学"理论中提到的竞争性。"竞争"是系统内相互关联的组成成分之间的一种基本关系，为了保持个体性，避免危机带来不利影响甚至生存威胁，系统成分之间就要相互排斥、相互竞争。这种竞争关系不是由外来力量强加的，而是系统成分之间固有的。与"竞争"相对应的"协同"，反映的是系统成分之间保持合作性、集体性的运动趋势，这与"竞争"所反映的系统成分运动方式正好相反。系统成分既相互吸引、相互合作，又相互排斥、相互竞争，"对立的统一"就是对这种系统作用机制的最好表达。

如果金融危机造成的不平衡过于剧烈，系统各组成成分之间的竞争性在系统非线性作用下通过正、负反馈机制放大到足以破坏系统协同性，就可能导致原有系统崩溃或瓦解；如果系统自适应性强，系统各组成成分为了维持系统整体性而产生协同性，那么，就会使系统恢复到稳定状态，或者在系统对内、对外的持续相互作用下，使系统出现新质。

如果从全球的角度考虑金融系统，那么，某个国家的金融危机对其他国家的扩散、传播过程，就可以看作是全球金融系统内部各组成成分之间的作用，运动机理不会有本质差别。金融危机的深化与扩散，遵循着系统"竞争"和"协同"的对立统一，受到系统正、负反馈作用机制的推动，是系统自组织演化发展的必要过程。

### （四）混沌——危机的消散与酝酿

全球信息技术的快速发展，使全球的金融系统呈现出典型的开放性特征，各国的金融系统从来都是处于非均衡的常态，系统内的各种梯度推动着整个系统不断寻找新的耗散途径，直到形成新的稳定的有序结构，因此，金融系统是耗散的，存在着形成混沌行为的根据，例如，股票市场、外汇交易、期货行情中都曾被证实存在混沌吸引子。

金融危机爆发后，系统必然会经历一段无序、混乱的时期，系统的演化大致可分为两种宏观方向，即系统的衰退或向更高级演进。系统演化的五种动态是有序态、混沌态、无序态、反混沌态和自组织临界态，危机爆发后的短期内，系统虽然有可能处于前四种动态，但从长期来讲，尤其在全球化趋势的带动下，金融系统还是要向更高级有序状态演进，所以，在下一次系统突变、金融危机爆发之前，耗散系统的自组织性更有可能使系统演化处于混沌态，所以，危机爆发后的长期去向应归于系统混沌中，在混沌中消散，在混沌中酝酿。

## 六、本章小结

在货币与资本流动的过程中，金融系统的非线性作用机制使金融系统不可避免地出现涨落，涨落会使系统远离平衡态，系统自组织机制会使系统在一系列偶然因素和必然因素作用下不断演化。当系统整体的涨落促使其达到临界状态时，经济风险、金融风险的集聚会使系统发生突变，并可能引发金融系统危机。涨落，既是系统之前演化之"果"，也是系统之后演化之"因"，同理，金融危机的爆发，既是原有系统结构下"无序"态累积的释放器，又是系统产生新结构进入另一种"有序"态的触发器。系统开放所特有的本质——信用，既是金融系统所有要素之间关系和行为的基本机制，也是造成金融系统复杂性的重要原因。

# 第五章 金融危机生成的系统复杂性例证分析

基于第四章的理论分析,本章以美国次贷危机为例,对金融危机生成的系统复杂性进行例证分析。

## 一、系统的非线性

应用系统复杂性理论分析金融市场作用机制特征时,金融市场被视为一个动力学系统,很多学者根据混沌、分形、突变等理论,以股票价格指数为例研究市场的演化行为,对系统非线性进行验证。

### (一)美国次贷危机产生机理

2007年美国爆发次贷危机,2008年9月美国布什政府向美国国会提交了总额高达7000亿美元的金融救助计划,但仍未能挽救经济衰退局势。

次贷即次级抵押贷款,是指一些贷款机构向信用程度较差和收入不高的借款人提供的贷款。次贷危机,又称次级房贷危机,是指在美国因次级抵押贷款机构破产、投资基金被迫关闭、股市剧烈震荡引起的金融动荡。图5-1为次贷危机生成示意图。

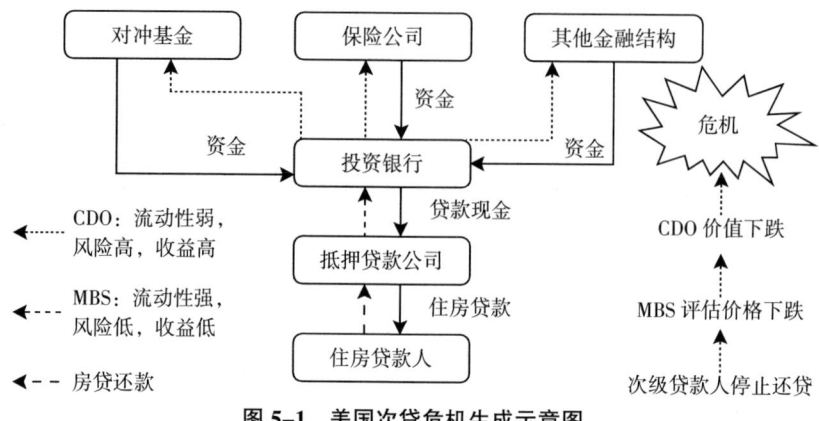

图 5-1 美国次贷危机生成示意图

次贷危机的内部系统构成及路径是，放贷机构向信用程度较差或收入不高的借款人发放住房贷款，以贷款人所抵押房产为基础，向投资银行发行资产抵押债券（Martgage-backed Security，MBS）进行融资；投资银行取得 MBS 并以此为基础向保险公司、对冲基金等金融机构发行债务抵押债券（Collateralized Debt Obligation，CDO）进行融资。随着美联储陆续提高利率，房地产泡沫破裂，房地产价格发生逆转，大量次级贷款人无力偿还贷款，产生了次级抵押贷款的信贷危机，而各种金融衍生工具的杠杆特性以及较长的投资链，使美国局部的信贷危机波及全球，从而演化为全球性的金融危机。

## （二）S&P 500 序列分析

证券市场股票价格指数的变化是金融系统、经济系统的"晴雨表"，美国纽约证券市场曾经一直是全球股票市场的"领头羊"，故采用其三大股票指数之一的标准普尔 500 指数（S&P 500）的日收盘价进行实证分析。

将 1987 年 1 月 2 日至 2009 年 8 月 21 日的数据设为变量 $SP_t$

($t = 1, \cdots, 5710$),长期趋势见图 5-2。

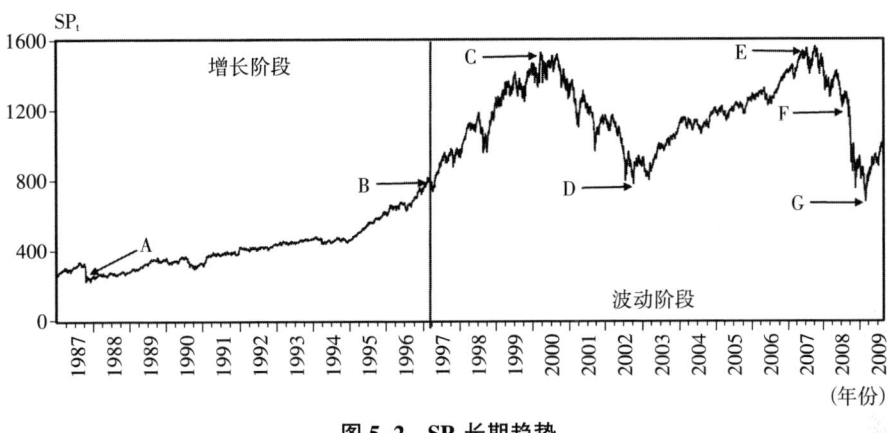

**图 5-2　$SP_t$ 长期趋势**

资料来源：Yahoo 财经，http://finance.cn.yahoo.com。

将趋势划分为"增长"与"波动"两个阶段，取 1997 年第一个交易日为分界点。由图 5-2 可知，在这 20 多年中，美国 S&P 500 从起点（1987 年 1 月）至 B 点（1997 年 1 月），除 A 点（1987 年 10 月）的"黑色星期一"外，长期趋势大致呈稳定增长趋势。

自 1997 年 1 月至 2009 年 8 月，序列进入"波动"阶段。在 B→C→D 阶段中，经过约 3 年，股指由 B 点上涨至第一个峰值——C 点（2000-03-24，1527.46），约两年半后，跌至 D 点（2002-10-09，776.76），这是跨度近 6 年的第一次涨落。

在第二轮的 D→E→F→G 阶段，D→E 阶段上涨至最高点 E 点（2007-10-09，1565.15），正好经过 5 年的时间，在"次贷危机"期间，股指下降的 E→F 段中，波动幅度却显著加大，并且于 F 点（2008-10-06）的 1056.89 开始暴跌，在 F→G 段中只用了短短五个月的时间，就跌到谷底 G 点（2009-03-09，676.53），比 B 点还要低 60 点，这段时间正是美国"金融海啸巨浪拍岸"

的惊世一刻，第二次涨落历时约 6 年半。

### （三）基于 GARCH Model 的系统非线性检验

单位根（Augmented Dickey-Fuller）检验结果如表 5-1 中 （1）所示，可知 $sp_t$ 为非平稳序列。

表 5-1　序列单位根检验结果汇总

| Augmented Dickey-Fuller test statistic | | t-Statistic | Prob. |
|---|---|---|---|
| （1）$sp_t$ | | -1.397 | 0.585 |
| （2）$u_t$ | | -0.965 | 0.768 |
| （3）$\varepsilon_t$ | | -2.708 | 0.073 |
| （4）$e_t$ | | -58.369 | 0.000 |
| （5）$D_1$ | | -58.780 | 0.000 |
| Test critical values：临界值 | 1% level | -3.4313 | — |
| | 5% level | -2.8619 | — |
| | 10% level | -2.5670 | — |

设 $sp_t$ 对数序列为 $\ln sp_t$，一般用对数线性趋势消除法（Log-Linear Detrending，LLD）来去除股票价格因经济增长或通货膨胀而递增的趋势，不但能够保持长期相关性，也不影响序列的非线性动力学结构（陈平，2000）。LLD 模型表达式设为：

$$\ln sp_t = a + b \cdot t + u_t。$$

根据表 5-1 中（2）的结果显示，残差序列 $u_t$ 非平稳，不宜继续建立 $u_t$ 模型。根据最小二乘法，成功拟合 4 阶曲线长期趋势，拟合效果如图 5-3 所示，模型：

$$\ln sp_t = a + b \cdot t + c \cdot t^2 + d \cdot t^3 + e \cdot t^4 + \varepsilon_t \tag{5-1}$$

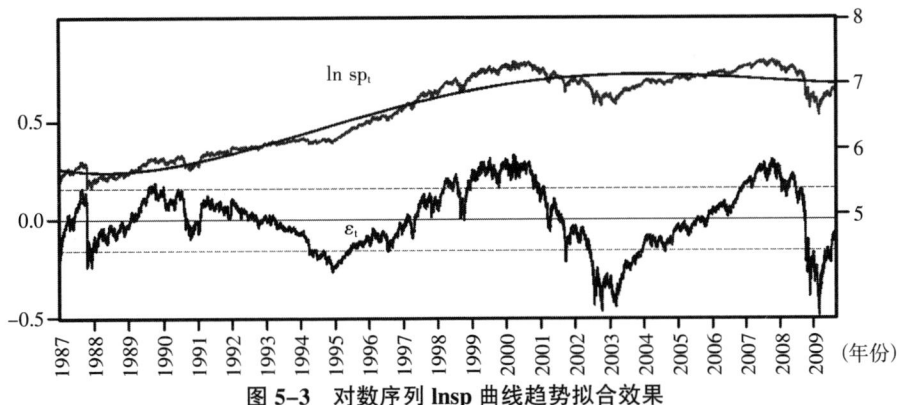

图 5-3 对数序列 lnsp 曲线趋势拟合效果

去除长期趋势，残差序列 $\varepsilon_t$ 的序列图见图 5-3 中下方曲线，其单位根检验结果如表 5-1 中（3）所示，为平稳非白噪声序列（10% level），残差平方 $\varepsilon_t^2$ 即 $\varepsilon_t$ 的方差，其序列如图 5-4 所示。

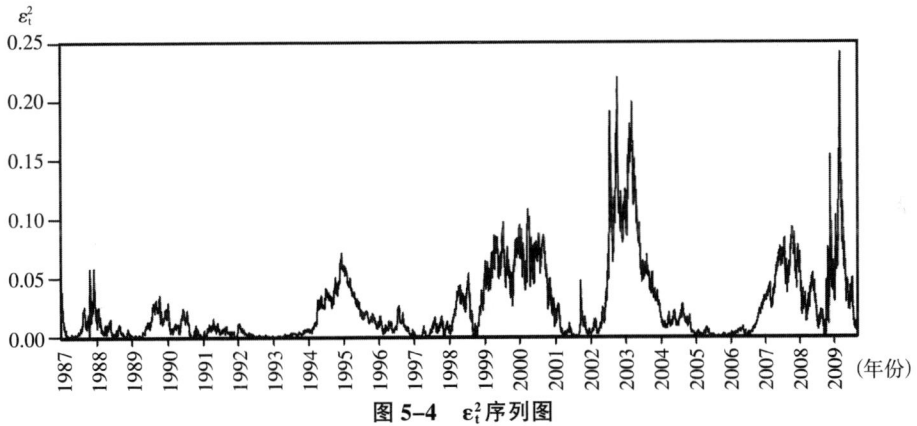

图 5-4　$\varepsilon_t^2$ 序列图

经检验，$\varepsilon_t^2$ 序列存在 3 阶 ARCH 效应，即具有异方差性，因此，可以建立 $\ln sp_t$ 的广义自回归条件异方差（GARCH）模型，模型为 AR（m）- GARCH（p，q）：

$$\begin{cases} \ln sp_t = f(t) + \varepsilon_t \\ \varepsilon_t = \sum_{k=1}^{m} \beta_k \cdot \varepsilon_{t-k} + v_t \\ v_t = \sqrt{h_t} \cdot e_t \\ h_t = \omega + \sum_{i=1}^{p} \eta_i \cdot h_{t-i} + \sum_{j=1}^{q} \lambda_j \cdot v_{t-j}^2 \end{cases} \quad (5-2)$$

其中，$f(t)$ 为 $\{\ln sp_t\}$ 的趋势函数；$h_t$ 为异方差函数，设 $h_t = E(V_t^2)$，且 $\sum \eta + \sum \lambda < 1$。建立 AR（m）模型：$\varepsilon_t = \sum_{k=1}^{m} \beta_k \cdot \varepsilon_{t-k} + v_t$，去除内部自相关性后，建立 $\ln sp_t$ 的 AR(1)-GARCH（1，1）模型如下：

$$\begin{cases} \ln sp_t = 5.702 - 0.0003 \cdot t + 5.78E-07 \cdot t^2 - 1.41E-10 \cdot t^3 \\ \qquad + 9.95E-15 \cdot t^4 + \varepsilon_t \\ \varepsilon_t = 0.998 \cdot \varepsilon_{t-1} + v_t \\ v_t = \sqrt{h_t} \cdot e_t \\ h_t = 1.27E-06 + 0.907 \cdot h_{t-1} + 0.086 \cdot v_{t-1}^2 \end{cases} \quad (5-3)$$

其中，各系数皆显著，$\eta_1 + \lambda_1 = 0.907 + 0.086 = 0.993 < 1$ 符合要求，模型拟合优度为 0.99。残差序列 $\{e_t\}$ 虽然是白噪声序列，如表 5-1（4）所示，但该残差序列未通过正态性检验，这意味着序列还蕴含了 GARCH Model 之外的信息。

由图 5-2、图 5-3 和分析结果可知，自 1987 年初至 1997 年初增长的十年间，S&P500 指数序列呈现近似线性增长趋势，整体状态较为平缓，说明美国金融系统在此时段处于基本稳定的有序演化阶段，残差 $\varepsilon_t$ 序列建立的一阶自相关 AR（1）模型 $\varepsilon_t = 0.998 \cdot \varepsilon_{t-1} + v_t$ 中回归系数为 0.998，近似为 Random-walk Model $\varepsilon_t = \varepsilon_{t-1} + v_t$，即残差序列近似随机游走，也表明此段序列去除确定性成分之后，随机性成分接近有效市场运行状态，验证了系统在自组织过程中遵循着一定的规律。

然而，由图5-2、图5-4的分析结果可知，在增长阶段中也存在系统波动情形，但幅度不大，而在"波动"阶段，则显现出两个清晰完整的"涨落"，当去除整体曲线长期趋势后，残差序列存在异方差性，而且波动阶段方差波动幅度显著加大，说明股指的走势存在波动叠加的非线性特征，美国金融系统也在全球化推动下发展壮大，系统演化在后半段已经远离平衡态。

（四）基于概率分布状态检验

图5-5为$sp_t$一阶差分序列$D_1$（$D_1 = sp_t - sp_{t-1}$）的时序图，显示了S&P 500波幅的走势。

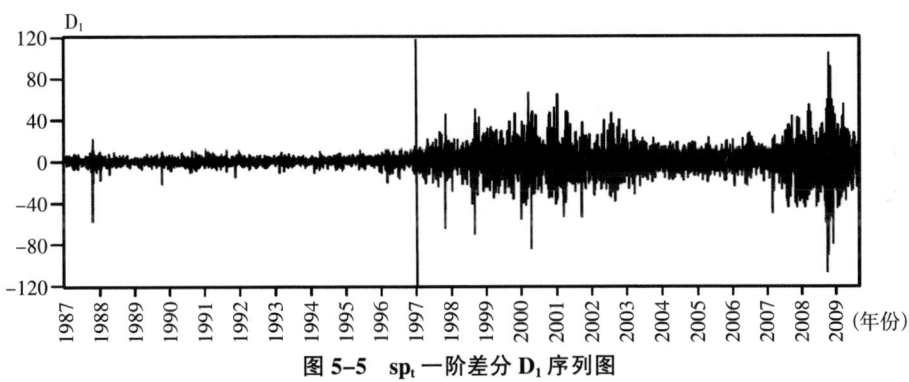

图5-5　$sp_t$一阶差分$D_1$序列图

检验结果见表5-1（5），$D_1$为零均值、平稳非白噪声序列，表现为"大幅波动紧跟大幅波动，小幅波动紧跟小幅波动"，而且波动具有长期自相关性，这是金融序列波动集聚性的典型表现。从中不难发现，波动的集聚放大效应集中表现在系统涨落过程期间，与美国一系列事件的发生时间相对应。

为集中反映系统非线性，选取 1997 年 10 月 1 日（955.41）至 2009 年 8 月 21 日（1026.13）共计 2992 个数据，设为变量 $sp_t^*$（t = 1，…，2992），对数收益序列设为 $r_t$：$r_t = \ln sp_t^* - \ln sp_{t-1}^*$（t = 1，…，2992）。$r_t$ 序列为零均值平稳（t-Statistic：-43.24263；Prob：0.0000）且具有长期相关性序列，仍然保留着波动集聚的特点，如图 5-6 所示。

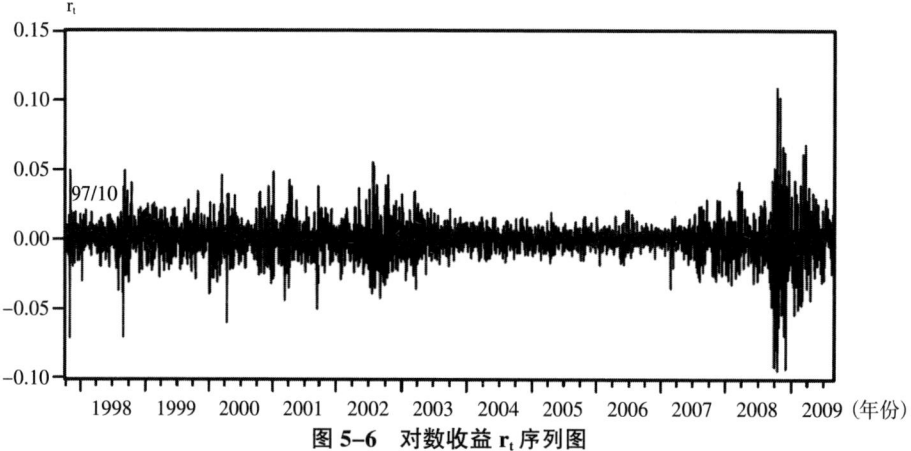

图 5-6 对数收益 $r_t$ 序列图

$r_t$ 序列直方图及描述统计结果如图 5-7 所示，其中，"偏态系数（Skewness）为 -0.157"，"峰态系数（Kurtosis）为 10.24"，图像显示收益分布 $r_t$ 为接近对称的弱负偏态的显著尖峰分布，Jacque-Bera 统计量的值为 6552.79，相伴概率为 0，可以辅助验证 $r_t$ 序列为非正态分布。

进一步讨论 $r_t$ 序列分布与正态分布的差异，可以根据核密度函数估计其经验分布：

$$\hat{f}_n(r) = [F_n(r+h_n) - F_n(r-h_n)]/(2h_n) = \frac{1}{nh_n}\sum_{i=1}^{n} K\left(\frac{R_i - r}{h_n}\right)$$

(5-4)

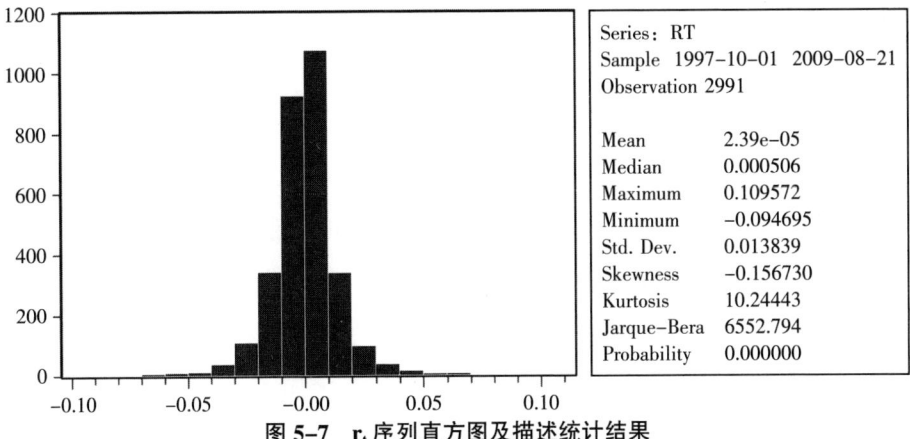

图 5-7　$r_t$ 序列直方图及描述统计结果

其中，$F_n(\cdot)$ 为经验分布函数，$h_n$ 为窗宽，$K(\cdot)$ 为核函数。样本数据 $r_t$ 序列概率密度函数曲线与相应的正态密度曲线如图 5-8 所示。

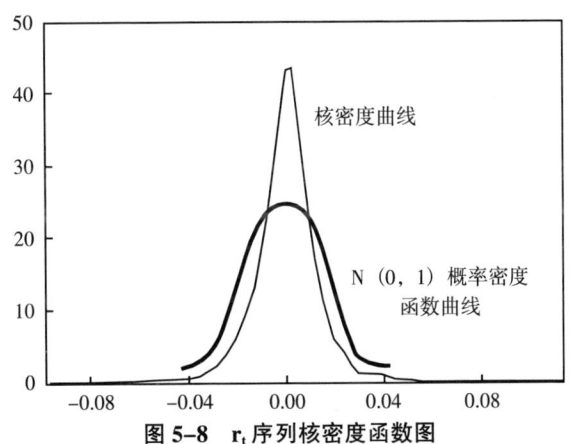

图 5-8　$r_t$ 序列核密度函数图

由图 5-8 可知，对数收益率序列的核密度曲线同多数金融数列分布特征相似，并非传统有效市场假说中的近似正态分布，而是表现出显著的尖峰厚尾特征。按照埃德加（1991）提出的分形市场假说（Fractal Market Hypothesis，FMH），信息的不均等消化将导致一个有偏的随机游动收益分布，价格的变化也具有长期记忆效应，"分形之父"芒德勃罗称之为分数布朗运动（Fractional Brownian Motion，FBM），亦被称为分形时间序列。

相比于高斯分布，在分形分布中，大的波动是通过很小数目的大变化而发生的，分布具有跳跃性和非连续性。图5-5、图5-6的波动集聚性，图5-8中 $r_t$ 序列核密度曲线的尖峰厚尾性，以及 $e_t$ 序列正态分布检验被拒绝，原因就是具有原序列的波动的震荡聚集性，这些都可以有效验证美国金融系统的非线性特征。

## 二、系统的自组织临界性

根据以上分析，可以发现美国金融系统自1997年开始远离平衡，在系统"涨落"触发下，美国金融系统必将演化成为非平衡、非有序的耗散系统。

### （一）系统"涨落"

2007年次贷危机的爆发，系统"涨落"的动力之一来自美国联邦储备系统（以下简称美联储）的连续降息和连续加息。在20世纪的最后十年里，美国纳斯达克指数从1991年2月的不足200点一路上涨到2000年5月的4800点，结合上述 $sp_t$ 位于此时段的快速上涨，验证了曾经的高科技"网络股"神话给美国金融系统带来的触发和催化作用。然而，这种快速上涨并非实体经济所能达到的速度，是虚拟经济产生的巨大泡沫，系统已经远离平衡。2000年美国股市高科技"网络股"泡沫破灭，2001年1月，为了扼制美国经济减速的过猛势头，防止滑入衰退，美联储开始连续降息，同年美国遭受"9·11"恐怖袭击，更促使了利率的下调，美国金融系统受到"涨落"的触发。

2001年初至2003年中的两年半时间里，美国连续13次降息，联邦基金利率从2001年1月的6%下调至2003年6月的1%，达到之前20年来的最低点，极大刺激了美国住房抵押贷款数量和居民过度消费，直接导致房地产泡沫膨胀。自2004年6月底至2006年6月底，美联储又连续17次加息，联邦基金利率回调至5.25%，这无疑又加速了房地产泡沫的破裂。2007年9月18日至2008年12月16日，在次贷危机爆发直至国际性金融危机爆发的15个月内，美联储又将联邦基金利率陆续下调至0.25%。联邦基金利率起落的历次调整如图5-9所示。

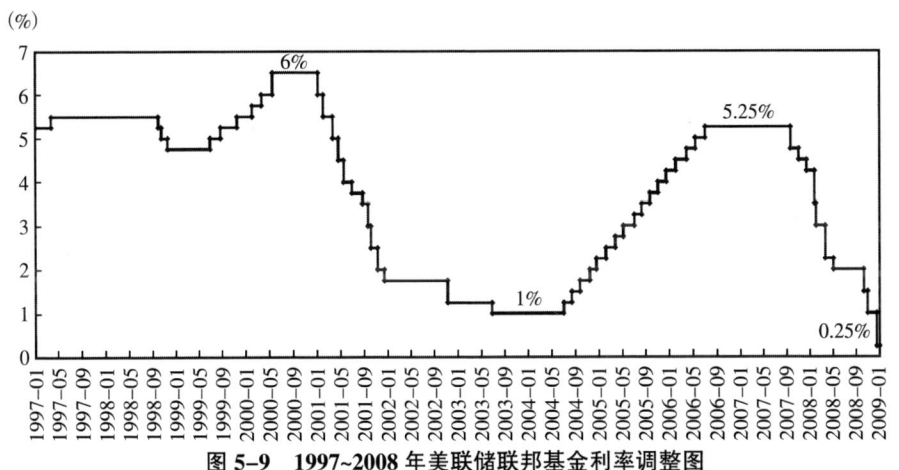

**图5-9　1997~2008年美联储联邦基金利率调整图**
资料来源：美联储网站，http://www.federalreserve.gov。

因此，美国金融系统是一个具备自组织特性的耗散系统，满足自组织的三个条件：系统是远离平衡态的开放系统；系统的元素间存在着非线性作用；系统受到了联邦基金利率频繁调整导致的系统"涨落"的触发。

自组织临界性是关于具有时空自由度的复杂动力学系统的时空演化特性的概念，是帕·巴克等人为解释无序、非线性复杂系统的行为特征提出的。该理论认为系统包含着众多发生短程相互作用的元素，而且自发地向着一种临界状态进化。在临界状态下，小事件引起的连锁反应能对系统中大量数目的元素发生影响，进而导致大规模事件的发生。虽然这类系统发生的随机小事件比大事件多，但是遍及所有规模的联动反应是系统必不可少的动态特性，因此，所有的时空关联函数都是幂次的，即幂律可以作为自组织临界状态的证据。

根据沙堆模型原理，沙粒的大崩塌和小崩塌之间遵循标度不变性，那么股票指数的大幅波动和个股每天的价格波动，以及危机爆发时期各关联股指暴跌的连锁反应，都同样反映了同一信息在不同粒度上的影响。因为自组织临界性的幂率关系的本质是自组织系统在时空上形成了分形结构，这种分形结构使股指的波动具有自相似性，那么，如果通过股票指数序列能够验证分形的存在，就可以证明系统处于自组织临界状态，由此可知，金融危机也将处于爆发的边缘。

从 S&P 500 长期态势分析可知，美国金融系统是一个远离平衡态的复杂开放系统，而且在系统自组织作用下，随机的小涨落可以通过非线性的相互作用被迅速放大，形成系统整体上的"巨涨落"，从而导致一系列系统复杂行为。

## （二）基于 BDS 统计量检验

自组织临界性的一项重要特征是涌现于"混沌边缘"，混沌边缘是指处于周期区和混沌区之间的一个极窄的区域，此区域位于有序和混沌之间的临界点上，是一种"弱混沌"。此时的系

## 第五章 金融危机生成的系统复杂性例证分析

统具有最大的演化性和创新性，会产生最大的复杂性，能够自发调整并且运行效率最高，能量耗散事件的尺度或强度分布会服从幂律关系。

为了检验收益序列中存在的分形性，Brock 等（1987）基于关联积分的定义提出 BDS 统计量，并且证明在独立同分布的原假设下，BDS 统计量服从渐近的标准正态分布：

现定义 2006 年 1 月 3 日至 2007 年 2 月 27 日为"危机前"时段，用 289 个数据进行 BDS 统计量的对数收益序列的分形检验。

设 $\varepsilon = 0.004$，$r_t$ 序列 BDS 统计量检验结果如表 5-2 所示。

表 5-2 "危机前"时段美国 S&P 500 对数收益序列 BDS 检验结果

| 维数 | BDS 统计量 | 标准差 | z 统计量 | 相伴概率 |
|---|---|---|---|---|
| 2 | 1.79e-06 | 2.68e-06 | 0.67 | 0.50373 |
| 3 | -1.10e-07 | 5.07e-08 | -2.17 | 0.03065 |
| 4 | -5.28e-10 | 7.22e-10 | -0.74 | 0.46435 |
| 5 | -2.43e-12 | 9.02e-12 | -0.27 | 0.78802 |
| 6 | -1.13e-14 | 1.05e-13 | -0.11 | 0.91400 |

对于嵌入维数 2 到 6，$\varepsilon = 0.004$ 的 BDS 统计量检验结果显示，在 3% 水平下 $r_t$ 序列分形特征不显著，结合自相关系数检验，为纯随机序列，序列不具有长程相关性，说明 S&P500 的对数收益序列在 2006 年 1 月至 2007 年 3 月次贷危机爆发之前，美国金融系统尚未进入自组织临界态，也不具备混沌特征。

作为对比时段，现定义 2007 年 3 月 1 日至 2008 年 9 月 30 日为"次贷危机"时段，设 $\varepsilon = 0.004$，$r_t$ 序列 BDS 统计量检验结果如表 5-3 所示。

对于嵌入维数从 2 到 4，$\varepsilon = 0.004$ 的 BDS 统计量检验结果显示在 3% 水平下可以拒绝原假设，即表明 S&P500 的对数收益序

表 5-3 "次贷危机"时段美国 S&P 500 对数收益序列 BDS 检验结果

| 维数 | BDS 统计量 | 标准差 | z 统计量 | 相伴概率 |
| --- | --- | --- | --- | --- |
| 2 | 1.36e-05 | 5.71e-06 | 2.38 | 0.01726 |
| 3 | -1.01e-06 | 1.65e-07 | -6.15 | 7.91e-10 |
| 4 | -9.95e-09 | 3.57e-09 | -2.79 | 0.00532 |
| 5 | -1.01e-10 | 6.80e-11 | -1.49 | 0.13643 |
| 6 | -1.01e-12 | 1.20e-12 | -0.84 | 0.40193 |

列在 2007 年 3 月初至 2008 年 9 月底次贷危机爆发期间，2 到 4 维嵌入维数情况下序列分形特征显著。

自相关函数是揭示系统演化过程特征的一个重要变量，不同的演化过程，其系统自相关函数具有很大差别。周期过程的自相关函数是振荡余弦函数；而纯随机的白噪声序列，自相关函数概率分布存在尖峰分布；混沌系统的自相关函数会以指数速率快速衰减，再缓慢振荡并衰减到 0。所以，通过时序列的自相关函数形态，可辅助判断系统动态演化类型。

系统所具有的长程相关性，也是自组织临界性的内禀性质，可以作为自组织临界性的辅助判别。2007 年 3 月 1 日至 2008 年 9 月 30 日 S&P500 对数收益序列 1~12 阶自相关和偏自相关系数见表 5-4。

表 5-4 "次贷危机"时段 $r_t$ 序列 1~12 阶自相关、偏自相关系数

|  | AC | PAC | Q-Stat | Prob |
| --- | --- | --- | --- | --- |
| 1 | -0.228 | -0.228 | 21.030 | 0.000 |
| 2 | -0.059 | -0.117 | 22.441 | 0.000 |
| 3 | -0.013 | -0.058 | 22.506 | 0.000 |
| 4 | -0.009 | -0.036 | 22.536 | 0.000 |
| 5 | 0.049 | 0.035 | 23.510 | 0.000 |
| 6 | -0.098 | -0.086 | 27.398 | 0.000 |

续表

|  | AC | PAC | Q-Stat | Prob |
|---|---|---|---|---|
| 7 | −0.001 | −0.043 | 27.398 | 0.000 |
| 8 | 0.012 | −0.015 | 27.457 | 0.001 |
| 9 | 0.015 | 0.006 | 27.545 | 0.001 |
| 10 | 0.119 | 0.130 | 33.406 | 0.000 |
| 11 | −0.067 | 0.004 | 35.266 | 0.000 |
| 12 | 0.064 | 0.073 | 36.971 | 0.000 |

$r_t$ 序列为零均值平稳且长期自相关序列，表 5-4 只是列出了 1~12 阶，实际上，5%水平下，1~38 阶自相关系数都显著不为零，如果是 10%水平下，自相关显著性可以持续到 54 阶。说明美国金融系统在此时段已经进入自组织临界状态。

## 三、系统突变

美国的金融系统能够自组织、自加强、自协调，并随之扩大、发展，直至达到一个分岔点并发生质变。这种质变在复杂系统中可以是渐变，也可以是突变。突变是一类特别的分岔，当系统参数越过某一临界值时，系统状态发生跳跃性即非连续性变化。纽约股市及全球股市的股指暴跌即是系统突变的典型表现。

次贷危机的破坏性，主要表现在破坏了金融市场的"三信"，一是在信用上发生了道德风险；二是在信贷上使信贷链条的正常运行突然发生紧缩甚至断裂；三是在信心上引发了恐慌心理，产生了"羊群效应"。

2007年3月，美联储宣布对贝尔斯登公司提供紧急贷款，4月，新世纪金融公司宣告破产，这都标志着美国次贷危机正式爆发。2008年9月，美国政府出资接管房利美和房地美公司，雷曼兄弟公司破产和美林公司被收购等一系列事件发生，最后美国政府"救市"，便如这沙堆极限状态下抛入的"最后一粒沙"，彻底打破了股市观望者的"信念"即"预期"，纽约股市"沙堆"率先崩塌，美国金融泡沫破裂，金融系统发生突变，金融危机终于全面爆发。由于美国的世界金融中心（沙堆顶端）的地位，这种突变必然会导致全球股市的连锁反应，各国股票指数相继大幅下跌（沙堆相邻位置崩塌），引发全球金融系统突变。而此时的突变已经是系统内部的自发调节和变迁，系统外部的随机扰动（例如，7000亿美元救市）已不能起到立竿见影的效果。

从图5-4、图5-5和图5-6的几种波动中不难看出，美国金融系统在1990年、1995年、1999~2000年、2003年、2007年和2008年前后，都存在证券市场价格较大幅度震荡的现象，也都对应着表4-1、表4-2中美国、欧洲、墨西哥、巴西等国家及地区危机发生时间，说明在其演化过程中，美国金融系统不断通过系统突变的方式进行自组织变迁，系统突变的外在表征就是程度不一的金融危机的爆发。

前文验证了2007年3月1日至2008年9月30日S&P500对数收益序列为分形时间序列，美国次贷危机发生期间美国金融系统处于自组织临界状态，表5-4中1~12阶自相关和偏自相关系数的长程相关性也显示出此时段金融系统处于高度自组织状态，系统会在外界随机"涨落"的触发下出现分岔。如果把2008年10月20日美国纽约三大股票指数暴跌的"黑色星期一"

作为次贷危机转向金融危机的标志,同时也将其作为美国金融系统发生突变的转折点,那么,虽然无法给出序列的突变模型,但也可以将序列的内部分形特征是否存在差异作为一个侧面的验证方法。截取 2008 年 10 月 1 日至 2009 年 4 月 30 日 S&P500 对数收益序列,这个时段是金融危机全球肆虐最为猛烈的时期,定义为"金融危机"时段。BDS 检验结果数据见表 5-5。

表 5-5 "金融危机"时段美国 S&P 500 对数收益序列 BDS 检验结果

| 维数 | BDS 统计量 | 标准差 | z 统计量 | 相伴概率 |
| --- | --- | --- | --- | --- |
| 2 | 3.52E-05 | 1.10E-05 | 3.22 | 0.0013 |
| 3 | -4.89E-07 | 3.72E-07 | -1.31 | 0.1889 |
| 4 | -3.88E-09 | 9.51E-09 | -0.41 | 0.6835 |
| 5 | -2.71E-11 | 2.13E-10 | -0.13 | 0.8990 |
| 6 | -2.1E-13 | 4.43E-12 | -0.05 | 0.9622 |

除了 2 维相伴概率较小外,3~6 维的概率值都大于 10%,说明此时段序列不再是分形序列,系统脱离了之前阶段的状态,发生突变。

图 5-10 为该序列描述统计结果。

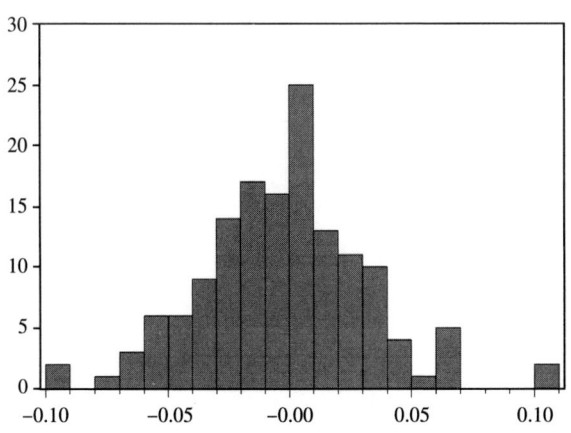
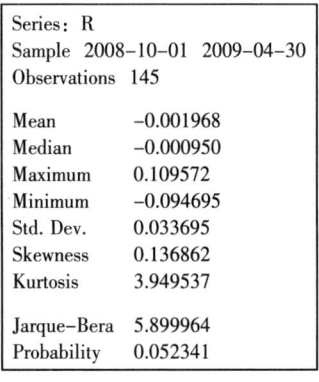

图 5-10 "金融危机"时段美国 S&P 500 对数收益序列描述统计结果

从图 5-10 中可知，Skewness 为 0.136862，Kurtosis 为 3.949537，显示该序列为近似对称的弱右偏分布，且峰度系数略大于正态分布的 3，Jarque-Bera 统计量的实测检验概率为 0.052341，证明在 5% 显著性水平下，对数收益序列分布接近正态分布，尖峰厚尾的分形分布特征也不再显著。

表 5-6 给出了此时段对数收益序列的自相关、偏自相关系数值和相伴概率。

表 5-6 "金融危机"时段 $r_t$ 序列 1~12 阶自相关、偏自相关系数

|    | AC     | PAC    | Q-Stat | Prob  |
|----|--------|--------|--------|-------|
| 1  | −0.110 | −0.110 | 1.7883 | 0.181 |
| 2  | −0.166 | −0.180 | 5.9053 | 0.052 |
| 3  | 0.164  | 0.129  | 9.9577 | 0.019 |
| 4  | −0.067 | −0.066 | 10.628 | 0.031 |
| 5  | −0.071 | −0.038 | 11.388 | 0.044 |
| 6  | 0.078  | 0.026  | 12.317 | 0.055 |
| 7  | −0.043 | −0.035 | 12.608 | 0.082 |
| 8  | 0.025  | 0.048  | 12.708 | 0.122 |
| 9  | −0.044 | −0.074 | 13.005 | 0.162 |
| 10 | 0.092  | 0.116  | 14.350 | 0.158 |

表 5-6 显示在 1% 水平下，该时段对数收益序列的自相关、偏自相关系数都不显著，序列不再具有长程相关性，序列内部特性脱离了自组织临界状态。

由此，不难得出结论，美国金融危机爆发的 7 个月后，金融系统由自组织临界状态发生了分岔，系统进入新的状态，的确发生了突变。

## 四、系统的混沌特性

混沌是研究系统过程而非状态的科学,是关注系统演化而非存在的科学。从时间序列角度研究混沌,始于 Packard 等(1980)的相空间重构理论。由于对系统长期演化能够起到决定作用的任一变量的时间序列的演化规律都会包含系统其他所有变量的长期演化信息,所以,通过这种起到决定作用的单一变量的时间序列来研究系统混沌特性是可行的。

### (一)Lyapunov 指数简介

关联维数、Lyapunov 指数和 Kolmogorov 熵等变量的计算,在表征系统混沌特性方面一直起着重要作用。其中,Lyapunov 指数的作用是量化初始闭轨道的指数发散和从整体上反映动力系统的混沌量水平,所以,基于混沌时间序列的 Lyapunov 指数的计算和预测是探究系统混沌特性的重要方法。目前,主要分为两类方法,Wolf 方法和 Jacobian 方法。

设连续系统 $\dot{x}=F(x)$,其中,x 为连续的 d 维空间中的点,其连续的切空间中 x(t) 处的点的切向量由方程 $\dot{e}=T(x(t))e$ 描述,$J=\partial F/\partial X$ 是方程 F 的 Jacobian 矩阵,令 U 中变量 $e(0) \mapsto e(t)$ 为一连续的线性算子映射,则解方程 $\dot{e}=T(x(t)e)$ 可以得到 $e(t)=U(t,e(0))$。于是,映射 U 的演化行为可用 Jacobian 给出的指数来完全地刻画,即:

$$\lambda(x(0),e(0))=\lim_{t\to\infty}\frac{1}{t}\cdot\ln\frac{\|e(t)\|}{\|e(0)\|} \qquad (5-5)$$

那么，其演化渐进行为的平均数便表示为：

$$\lambda = \lim_{t \to \infty} \frac{1}{k \cdot \Delta t} \cdot \sum_{j=1}^{K} \ln \frac{\|e((j+1)\Delta t)\|}{\|e(j\Delta t)\|} = \lim_{t \to \infty} \frac{1}{k \cdot \Delta t} \cdot$$

$$\ln \left( \frac{\|e(2\Delta t)\|}{\|e(\Delta t)\|} \cdot \frac{\|e(3\Delta t)\|}{\|e(2\Delta t)\|} \cdot \ldots \cdot \frac{\|e((k+1)\Delta t)\|}{\|e(k\Delta t)\|} \right)$$

(5-6)

这就是连续系统 Lyapunov 指数的 Jacobian 计算方法，比较简捷实用，为其他 Lyapunov 指数的计算奠定了基础，应用也最广泛。

Lyapunov 指数表示系统在多次迭代中平均每次迭代所引起的指数分离中的指数。若 $\lambda < 0$，则表示相邻点最终要靠拢且合并成一个点，对应稳定的不动点和周期运动；若 $\lambda > 0$，则表示相邻点最终会分离，对应轨道的局部不稳定性，如果轨道同时还存在整体稳定性因素（如耗散、整体有界等），那么，在此作用下会反复折叠形成混沌吸引子。故 $\lambda > 0$ 可作为系统存在混沌的一个判据。

由于多数经济系统是高维非线性系统，所以，其混沌现象会出现超混沌状态。一般混沌只在单一方向上发生轨迹扩散，但超混沌态具有更多方向上的不稳定性，所以，金融危机爆发期间系统出现超混沌态的可能性是很大的，基于一般混沌态的 Lyapunov 指数计算在此期间的应用具有局限性。

## （二）基于对数收益序列自相关系数判定

由表 5-6 可知，2008 年 10 月至 2009 年 4 月的 $r_t$ 序列不具有内部自相关性，但是否就是白噪声序列呢？如果是，意味着对数收益序列为纯随机状态，证券市场处于完全无序状态；如果不是,那就可以进一步判断是否存在混沌特性,因为混沌状态的一个显著特征是貌似无序、实则有序,因为混沌是对初始条件有敏感依赖性的一种宏观无序、微观有序的非线性、非周期性现象。

如前所述,可知白噪声序列的自相关函数概率分布存在尖峰分布,混沌系统的自相关函数会以指数速率快速衰减,再缓慢振荡并衰减到 0。图 5-11 给出了"金融危机"时段的 $r_t$ 序列自相关系数概率分布图 5-11(a)和序列波动图 5-11(b)。

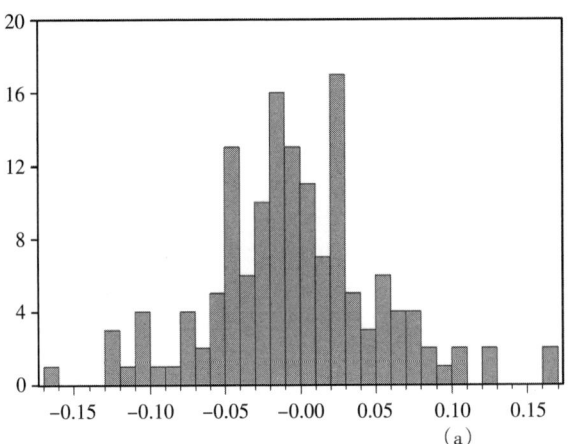
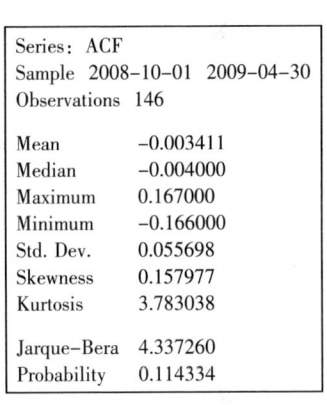

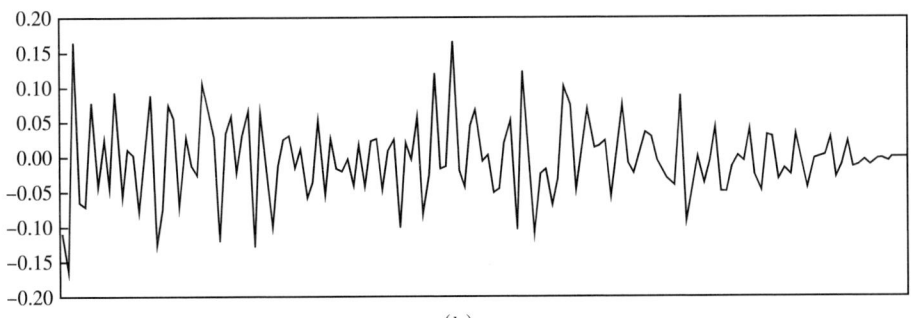

图 5-11 "金融危机"时段 $r_t$ 序列的自相关系数概率分布与序列波动

在图 5-11 中不难得知,图 5-11(a)中的自相关系数的概率分布服从正态分布,并非尖峰厚尾的分形序列,排除了白噪声序列的可能性,同时,图 5-11(b)中的序列波动图显示了自相关系数的长期拖尾震荡,结合表 5-7 中此时段 BDS 检验结果的 2 维嵌入维数分形序列显著的性质,说明在整个"金融危机"时段,系统既不是完全无序状态,也不是有序或自组织临界状态,而是符合宏观无序、微观有序的混沌状态,验证了美国金融危机的确是美国金融系统发生系统突变后,系统演化出现分岔进入混沌状态。

### (三)关联维数计算

在非线性动力系统理论中,分形理论以其独特的角度揭示了自然界和人类社会各种复杂现象的规律性,是近 30 多年来随着非线性动力系统理论的发展而活跃的重要分支理论,主要解决现实中某些不光滑和不可微的几何体维数的计算问题。奇怪吸引子是复杂系统轨道在相空间中经过无数次靠拢和分离、来回拉伸和折叠所形成的复杂几何图形,其内部本质特征是具有无限层次的自相似结构。由于耗散系统在相空间的收缩,奇怪吸引子的维数小于相空间的维数,所以,可以通过探究奇怪吸引子的空间维数来确定它的几何性质,因其组成部分与整体有一定方式的相似性,因而称为分形。分形的特性是分维数,该理论由曼德布洛特于 20 世纪 70 年代创立。

分形的重要含义之一即结构的层次性,而具有层次结构的系统往往生成的概率大、速度快、稳定性好、抗干扰性强。目前,有 Hausdoff 维数($d_H$)、关联维数($d_2$)、盒维数($d_0$)、Lyapunov 维数($d_L$)以及信息维数($d_I$)等几种计算方法。

复杂的非线性系统的相空间维数可能会很高,也很难测度,而奇怪吸引子的维数要低于相空间的维数，Takens 证明了，从所获得的一个时间间隔的某复杂系统的单变量时间序列出发，可以构造一批 d 维矢量以构造相应的嵌入空间。只要嵌入维数足够高 $d \geq 2D+1$（D 为吸引子维数），就可以在拓扑等价意义下在系统相空间中恢复原来动力学系统的特性。1983 年，Grassberger 和 Procaccia 提出从一维时间序列中计算吸引子关联维的 G-P 算法。

设序列为 $x_1$, $x_2$, $x_3$, $\cdots$, $x_N$，嵌入维数为 d 维，给定合适的时间延迟 $\tau$，构造 N 个嵌入向量为 $X_i = (x_i, x_{i+\tau}, x_{i+2\tau}, \cdots, x_{i+(d-1)\cdot\tau})$ $(i = 1, 2, \cdots, N)$，定义向量之间的距离为：

$$\Delta_{i\&j} = |X_i - X_j| = \max_{1 \leq k \leq d} |x_{ik} - x_{jk}| \tag{5-7}$$

对于距离值 $\varepsilon$，定义 $\Delta_{i\&j} < \varepsilon$ 的向量 $X_i$ 和 $X_j$ 为相关联向量。计算重构相空间中所有可能的向量组合点对中相关联向量的组合对数占的比重，即为关联积分，计算式如下：

$$C(\varepsilon, N, w, \tau) = \frac{2}{(N-w+1)(N+w)} \sum_{n=w}^{N} \sum_{i=1}^{N-n} H\{\varepsilon - |X_{i+n} - X_i|\} \tag{5-8}$$

式（5-8）中，H 为赫维赛德（Heaviside）单位函数：

$$H(x) = \begin{cases} 0 & (x \leq 0) \\ 1 & (x > 0) \end{cases}, \quad w \geq \tau \left(\frac{2}{N}\right)^{\frac{2}{d}} \tag{5-9}$$

则时间序列的关联维数由下式计算：

$$D' = \lim_{r \to 0} \lim_{N \to \infty} \frac{d \ln C_d / d\varepsilon}{d(\ln \varepsilon)/d\varepsilon} \tag{5-10}$$

已知关联积分 $C_d(\varepsilon, N, w, \tau)$（简记为 $C_d$）在 $r \to 0$ 时，对一个混沌吸引子来说，存在如下关系：$\lim_{N \to \infty} C_d \propto \varepsilon^D$ 或 $\log C_d = D$

log $\varepsilon$ + a。其中，D 为吸引子分维数，a 为近似于 0 的常数。对不同嵌入维 d 计算 $C_d$，可以通过 log$C_d$-log$\varepsilon$ 双对数图形的斜率来估算 D。在随机系统中，关联维数会随着嵌入维数的增大而增大；而在非线性系统中，关联维数会随着嵌入维数的增大而趋向于常数，即随着 d 的递增，D 最终将收敛于它的真值 $D_{GB}$。

现根据 2008 年 10 月 1 日至 2009 年 4 月 30 日 S&P500对数收益序列计算分形维 $D_{GB}$。按 Thelier 的建议，可通过计算时序自相关系数 ACF 来求得最佳采样间隔 $\tau$，使得 $|AC(\tau)| \approx 1/e$。由表 5-6 可知，二阶自相关系数 –0.166，最接近 1/e，故令 $\tau = 2$，计算嵌入维数m，计算 $\varepsilon$ 取不同值时的关联积分值 $C_d$，所得数据见表5-7。

表 5-7 "金融危机"时段嵌入维数 2~6 所得关联积分 $C_d$ 数据

| m \ $\varepsilon$ | 0.005 | 0.010 | 0.015 | 0.020 | 0.025 | 0.030 |
|---|---|---|---|---|---|---|
| 2 | 0.009713 | 0.010295 | 0.015152 | 0.019619 | 0.023990 | 0.028361 |
| 3 | 0.009751 | 0.010342 | 0.015168 | 0.019699 | 0.024131 | 0.028563 |
| 4 | 0.009789 | 0.010389 | 0.015183 | 0.019778 | 0.024173 | 0.028668 |
| 5 | 0.009524 | 0.010132 | 0.014894 | 0.019453 | 0.023708 | 0.028267 |
| 6 | 0.009455 | 0.010072 | 0.014902 | 0.019424 | 0.023638 | 0.028160 |

根据表 5-7，拟合 m = 2，…，6 的 logC-log$\varepsilon$ 线图，由 log $C_d$ = D(log $\varepsilon$) + a 计算 D 值，结果见表 5-8。

表 5-8 嵌入维数 2~6 计算所得关联维数 D 数据

| 维数 | 2 | 3 | 4 | 5 | 6 |
|---|---|---|---|---|---|
| D | 0.74250 | 0.74250 | 0.74336 | 0.74215 | 0.74812 |

随着嵌入维数 m 的升高，当关联维数 D 出现饱和现象时，

所对应的 m 就是要选取的最佳嵌入维数。由表 5-8 可知，m = 4 为最优嵌入维数，最小二乘法得到 $logC_3-log\varepsilon$ 斜率值即为所求对数收益序列的分形维数 $D_{GB} = 0.743$。所以，$D = 2 \cdot D_{GP} + 1 \approx 3$，建立 3 维的矢量以构造相应的投影空间，就可以在拓扑等价意义下，于系统相空间中恢复原来的动力学系统特性。

## 五、本章小结

本章以美国次贷危机为例，截取 1987 年 1 月至 2009 年 8 月的 S&P 500 日收盘价的 5710 个数据，设为时间序列，以 1997 年 1 月 1 日为界，分为"增长"和"波动"两个阶段。阐述了美国金融系统自 20 世纪末开始，成为非平衡、非有序的耗散系统，并受到了系统"涨落"的触发，具备了系统自组织的三个条件。通过系统非线性、分形检验和分形维数等方法的计算，验证了系统演化特性的变化，通过实证分析有效论证了金融危机生成及爆发的系统演化复杂动态性。

就整个序列而言，通过建立 AR-GARCH 模型，验证了序列存在非线性长期趋势，发现序列存在异方差、股指走势存在波动叠加的非线性特征。

在增长阶段，序列接近线性增长趋势，残差序列近似随机游走，说明系统演化过程较为平稳，遵循有效市场假定，在金融全球化初期系统自组织过程中，演化是有序的。

在波动阶段，通过对数收益序列进行分析，验证该阶段整体的特征为波动具有集聚性，是分形时间序列，系统在"涨落"事件促发下，演化具有跳跃性和非连续性，符合复杂系统特征。

进一步进行系统复杂性验证分析，将该阶段细分为"危机前""次贷危机""金融危机"三个时段。经分析发现，"危机前"，系统尚未进入自组织临界态，也不具备混沌特征；"次贷危机"发生期间，存在自组织临界性，系统进入自组织临界态；当"次贷危机"发展进入系统性"金融危机"时段时，验证系统脱离了临界态，产生分岔，发生了突变，而且具有混沌的宏观无序、微观有序的特性，计算了系统相空间分形维数，分析了动力学系统特性。

# 第六章　金融危机深化期的政策效应建模分析

自布雷顿森林国际货币体系在 20 世纪 70 年代崩溃以来，国际资本市场自由化引发了金融危机在整个世界的扩散。在这些金融风暴事件中，1997 年东南亚金融危机和 2008 年美国金融危机的波及面和破坏程度是令人震惊的，不仅因为其造成的名义汇率贬值的突发性和严重程度，也因为其在相关国家对实体经济产生的深刻影响。事实上，金融危机不仅可能发生在"新兴市场经济国家"，也可能发生在"发达市场经济国家"。

货币危机是如何引发可能会导致严重经济放缓的金融危机的？Semmler Flaschel（2006）、Rødscth（2000）、Proaño（2006）等研究人员很明智地将研究重点放在当一国存在信贷市场摩擦或国内银行和企业拥有未对冲的外币负债时，强劲的货币贬值后企业面临的信贷市场问题上，同时，很显然的，危机期间汇率也会浮动，以至于有可能导致一国进行汇率制度改革。因此，建立合适的模型研究经济系统的汇率特性，分析与汇率有关的危机期间宏观经济动态特性是有价值的。

# 一、小型开放经济系统模型思路

描述系统的特性首先要确定指标体系。指标体系和系统的状态不同，系统的状态可以从各个方面来进行描述，原则上状态空间的维数是无限的；而指标体系则应选取少数反映系统本质特性的状态变量，或在系统运行中起重要作用的量构成。模型的建立应注意四个"空间"。

一是变量空间，指系统的指标体系所构成的抽象空间。在这个空间中系统的每个状态变量就是空间的一个维度，空间中的点代表系统的一种可能状态，所有变量的所有可能取值构成系统的状态空间，而空间中的轨线则描述了系统的运动轨迹，称为相图。

二是参量空间，指由对系统行为起主要控制作用的量所组成的抽象空间。虽然变量与参量之间并无严格的界限，但常把那些在"考察"范围内变动较少的量作为控制参量，而把变动较快的作为状态变量。

三是初始空间，所有可能的初始状态所构成的空间。系统的变化总与初始状态密切相关，甚至极为敏感。因此，初始空间对系统行为和变化趋势具有重大影响。

四是切空间，对于一个对外部环境扰动反应敏感的系统来说，只考虑状态空间下系统的轨道，是难以得到正确的极限行为的。那么，如果能结合一个维数和状态空间相同的且与变量空间相"切"的"切空间"，将可能有助于正确刻画系统的极限状态。

不过，不能奢望可以全面描述以上"空间"，因为这实际上是异常复杂和困难的，例如，只考虑三个变量，两个控制参量，系统描述维数就将达到 11 维。所以，对系统进行定量描述的一个核心问题是如何简化。接下来，本章将在产品市场和金融市场均衡条件下，以名义汇率和价格为参量建立系统模型，揭示金融危机深化期名义利率和实际汇率的调整会如何影响产出的小型开放经济系统动态性。

## 二、步骤一：产品市场模型构建

为了能够以图形帮助分析货币大幅贬值对未对冲美元化负债经济系统的影响，根据修改后的蒙代尔—弗莱明—托宾模型，构建一个需求驱动型产出和金融市场中工资/价格及名义汇率都逐步调整到非均衡状态的小型开放经济系统。

### （一）企业部门的资产负债表

首先，设抽象自国际资本流动的国内经济资本存量的显著变化量为 K，国内居民金融资产为 W，即外国和本国货币在国内企业部门的债务，假设时间跨度足够短，忽略正的或负的净投资及居民储蓄，认为这些变量基本不变。

其次，假设一个恒定的外国价格水平 $p^*$，简单化设 $p^* = 1$。实际汇率被定义为 $\tau = ep^*/p = e/p$，e 为名义汇率，p 为国内价格水平。设国内企业部门通过发行债券为投资项目融资，分别记 B 为以本币计价的国内债务（资本成本 i），记 F 为外币债务（资本成本 $I^*$，B，F < 0 表示公司有负债）。然后假设每个企业只选

择一个投资融资方案，则国内企业部门债务总量可以分为两部分：外币资本负债比 γ 和本币资本负债比 (1－γ)。

类似于 1997~1998 年亚洲金融危机后，大多数分析所观察到的产量下降问题的货币危机模型，同样可以认为国内企业（潜在的借款人）和贷款机构之间存在信息不对称，这就迫使后者需要对国内企业进行信用评级，比如考察其资产净值（只考虑固定资产 K 与负债 B+eF 的差值）。表 6-1 显示的是资产负债表和信誉值。

表 6-1 企业部门资产负债与信誉值

| 公司部分 | 资产 | 负债 | 信用 |
| --- | --- | --- | --- |
| γ | $pK_\gamma$ | eF | $\tilde{q}_\gamma = \dfrac{eF}{p\bar{K}_\gamma} = \tilde{q}_\gamma(\tau)$ |
| 1－γ | $pK_{1-\gamma}$ | B | $\tilde{q}_{1-\gamma} = \dfrac{B}{p\bar{K}_{1-\gamma}}$ |

如果此处份额 γ 不是常数，可以把它作为风险溢价 ξ 的一个函数。假定贷款机构根据国内企业相应的资本负债比（表 6-1 的 $\tilde{q}_\gamma$, $\tilde{q}_{1-\gamma}$）进行信誉评估，不难发现，只有外币资本负债比 $\tilde{q}_\gamma$ 受到汇率波动的影响。

### （二）信用配给程度

在 $\bar{K} = \bar{K}_\gamma + \bar{K}_{1-\gamma}$，B 和 F 都是常数的假设下，可以给出实际利率 τ 和信贷配给度 μ 的非线性关系表达式 (6-1)。

$$\mu = f(\tau) = \frac{1}{1+(\tau-1)^2} - 1 = -\frac{(\tau-1)^2}{1+(\tau-1)^2} \tag{6-1}$$

根据式 (6-1)，μ 取决于其购买力平价一致水平上的 τ。因为 τ≈1，μ≈0，所以 τ 增加，$\tilde{q}_\gamma$ 作为考察国内企业信誉价值的指标会越发受到贷款机构信贷政策的影响,即受总投资水平的影响。因为$\lim\limits_{\tau \to \infty} \mu = -1$,图6-1给出了$\mu$与$\tau$的非线性关系。

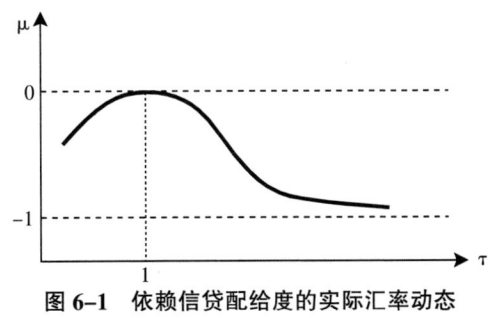

图6-1 依赖信贷配给度的实际汇率动态

一次突发的货币贬值会使国内企业的外币资本负债比增加,引致贷款机构的信贷紧缩,从而使投资总额减少。

图6-1描绘了一个非常简单的性质,可知能够基于不完善的资本市场发展理论的基本含义,在模型框架中以图形来探讨金融加速效应的运行。其中,资产负债表效应的重要性在很大程度上取决于$\gamma$,如果以美元为外币负债,$\gamma$即为负债美元化的程度。当$\gamma=1$时,资产负债表效应唯一(不考虑国外利率的变化)决定投资总额的水平。如果$\gamma=0$,则$\tau$的变化不会直接影响国内企业的财务状况。总投资函数可以表达为式(6-2)。

$$I = I_0 - (1-\gamma)i_1(r) + \gamma\mu = I((1-\gamma)r, \gamma\mu) \tag{6-2}$$

其中,$r = i - \hat{p}$为国内实际利率,$i_1$为投资总额的利率弹性。

## (三)产品市场的均衡

在标准消费和净出口函数假设基础上,小型开放经济系统的产品市场均衡可以表示为式(6-3)。

$$Y = C(Y - \overline{T} - \delta\overline{K}) + I((1-\gamma)r, \gamma\mu) + \delta\overline{K} + \overline{G} +$$

$$NX(Y^*, \tau, Y) \tag{6-3}$$

其中，$Y - \bar{T} - \delta\bar{K}$ 指可支配收入，$\bar{T}$、$\bar{G}$、$\delta\bar{K}$ 分别代表税收、政府消费和资本折旧。净出口 NX 与国外产出水平 $Y^*$（假设为自然水平）和实际汇率 $\tau = e/p$（外国物价水平 $P^* = 1$）呈正向相关，但与国内产出水平 Y 呈负向相关。

仿照布兰查德和费希尔的例子，假设产品市场动态调整过程为式（6-4）。

$$\dot{Y} = \beta_y(Y^d - Y) = \beta_y[C(Y^d - \bar{T} - \delta\bar{K}) + I((1-\gamma)r, \gamma\mu) + \delta\bar{K} + \bar{G} + NX(Y^*, \tau, Y) - Y] \tag{6-4}$$

其中，$Y^d$ 为产品总需求，$\beta_y$ 为产品市场调整速度。

根据隐函数定理，描述名义和实际汇率增长的 D-曲线如下：

$$\left.\frac{\partial Y}{\partial T}\right|_{\dot{Y}=0} = -\frac{\partial_\tau I(\cdot)\gamma\mu'(\tau) + \partial_\tau NX(\cdot)}{C'(Y) + \partial_Y NX(\cdot) - 1} = -\frac{I_\tau \gamma\mu' + NX_\tau}{C_Y + NX_Y - 1} \gtreqless 0$$

在这里，可以观察到模型的要点之一，一国货币贬值对经济活动的影响相对于投资总额变动来讲，更依赖于出口的相对反应强度，由此产生的 D-曲线见图 6-2。

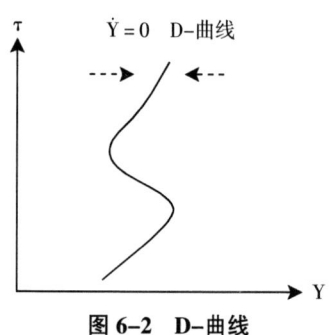

图 6-2 D-曲线

在"正常情况"，如果公司不受资本限制，汇率效应对投资的影响是非常薄弱的，因而主要受出口效应的影响，可知

$$NX_\tau > |I_\tau \gamma \mu'| \Rightarrow \left.\frac{\partial Y}{\partial \tau}\right|_{\dot Y=0} > 0$$

在"脆弱情况",即在汇率的中间范围,国内货币贬值对资产负债表的影响被认为很大,以致它克服了出口的积极影响,此时

$$NX_\tau < |I_\tau \gamma \mu'| \Rightarrow \left.\frac{\partial Y}{\partial \tau}\right|_{\dot Y=0} < 0$$

## 三、步骤二:金融市场模型构建

按照托宾类型的组合方式构建金融市场框架。

### (一)金融市场的相关方程

金融资产:$W = (M + B + eF)/p$     (6-5)

风险溢价:$\xi = i(Y + \overline{M}/p) - \overline{i}^* - \varepsilon$     (6-6)

外币债券市场:$eF = pf(\underset{-}{\xi}, \underset{+}{W}, \kappa)$     (6-7)

货币市场均衡:$\overline{M}/p = \kappa Y + h_0 - h_1 i = m(\underset{+}{Y}, \underset{-}{i})$     (6-8)

本币债券市场:$B/p = W - f(\xi, W, \kappa) - m(Y, i)$     (6-9)

均衡条件:$F + F_c + \overline{F}_* = 0$     (6-10)

方程(6-5)介绍了私营部门由本币 M 组成的金融资产,其中,本币和外币计价的债券允许支付不同的回报率,这意味着无抛补利率平价(Uncovered Interest Rate Parity,UIRP)在短期内不成立。所谓无抛补利率平价,是指在资本具有充分国际流动性的条件下,投资者的套利行为使国际金融市场上以不同货

币计价的相似资产的收益率趋于一致,也就是说,套利资本的跨国流动保证了"一价定律"适用于国际金融市场。

由此产生的持有本币债券的风险溢价 ξ,即为两种金融资产的预期收益率的差值,由方程(6-6)描述,其中,预期货币贬值率由 ε 表示,$\varepsilon = \hat{e}^e = \beta_\varepsilon (1-\tau)$(基于购买力平价的长期有效性假设)。如果 $\tau < 1$(高估),预期为国内名义货币贬值,$\varepsilon > 0$。

方程(6-7)代表的是外币债券市场均衡。这种类型的金融资产的需求一般假设为与风险溢价呈负相关,与私有资产和参数 κ 呈正相关,此处变量 κ 代表国外市场压力(如政治不稳定或存在"羊群行为"等)。

方程(6-8)代表随利率和产出的变化而做出一般货币需求反应的国内货币市场均衡;方程(6-9)反映了持有外币债券情况下,通过"瓦尔拉斯股票法则"实现的国内债券市场均衡。方程(6-10)介绍了外汇市场的均衡条件,即国内私有部门 F、货币当局 $F_c$、国外部门 $\bar{F}_*$ 三个部门的总投资需求为零。假设外国机构的外币债券供应量是恒定的,私有部门可获得的额外外币债券金额 F 则完全由货币当局控制(假设国内的债券不能进行国际买卖)。因此,现行的汇率制度将取决于货币当局提供给私有部门外币债券的方式。

### (二)金融市场的均衡

将货币市场利率均衡方程(6-8)变换后得:

$i(Y, \overline{M}/p) = (\kappa Y + h_0 - \overline{M}/p)/h_1$

代入方程(6-7),则金融市场均衡或者 A 曲线的表达式为:

$$eF/p = f(i(Y, \overline{M/p}) - \overline{i}^* - \beta_\varepsilon(1-\tau), (M+B+eF)/p, \kappa)$$
(6-11)

这个方程可以解释为代表 $\dot{e}=0$ 的等斜线,在假设汇率不能对外汇市场的不平衡做出自动调节的情况下,方程 (6-11) 可以被假设为如下汇率动态方程:

$$\dot{e} = \beta_e [f(i(\cdot) - \overline{i}^* - \beta_\varepsilon(1-\tau), (M+B+eF)/p, \kappa) - eF/p]$$
(6-12)

基于隐函数定理,$\dot{e}=0$ 的等斜线斜率可以通过以下方式表示:

$$\left.\frac{\partial e}{\partial Y}\right|_{\dot{e}=0} = -\frac{\partial_\xi f(\cdot) \partial_Y i(\cdot)}{\partial_\xi f(\cdot) \varepsilon'(\tau) + (\partial_W f(\cdot)-1)F/p} =$$

$$-\frac{f_\xi i_Y}{f_\xi \varepsilon_\tau + (f_W - 1)F/p} < 0$$

## 四、步骤三:基于渐进调整的名义汇率与价格的系统模型

作为一个起点,先分析国内、国外产品价格固定($P = P^* = 1$)的情况,名义汇率的调整波动依照方程 (6-12)。在这种情况下的货币危机模型的微分方程建立在方程 (6-4) 和方程 (6-12) 的基础上。

### (一) 基于固定价格和浮动汇率

该系统的雅可比矩阵为:

$$J = \begin{bmatrix} \beta_y(C_Y + NX_Y - 1) & \beta_y(I_e \mu' + NX_e) \\ \beta_e(f_\xi i_Y) & \beta_e[-f_\xi \varepsilon_e + (f_W - 1)F] \end{bmatrix}$$

因为 $\dot{Y}=0$ 等斜线的非线性，存在着三个经济意义上的稳定状态，可以计算出：

$$J_{E1} = \begin{bmatrix} - & + \\ - & - \end{bmatrix}$$

$\text{tr}(J_{E1})<0$，$\det(J_{E1})>0$：稳定的动态平衡状态；

$$J_{E2} = \begin{bmatrix} - & - \\ - & - \end{bmatrix} \text{tr}(J_{E2})<0,\ \det(J_{E1})<0：鞍点；$$

$$J_{E3} = \begin{bmatrix} - & + \\ - & - \end{bmatrix} \text{tr}(J_{E3})<0,\ \det(J_{E3})>0：稳定的动态平衡状态。$$

图 6-3 显示了浮动汇率制度下的完整的 D-A 系统相图。

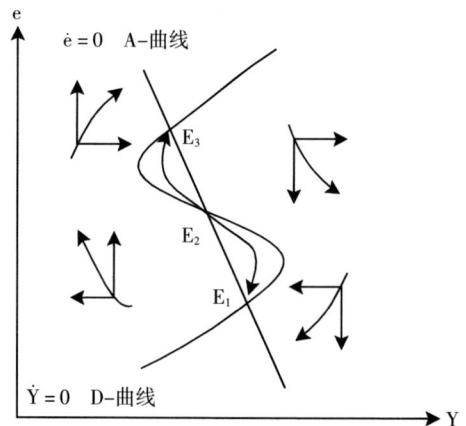

图 6-3　基于浮动汇率制的 D-A 系统相图

图 6-3 中，当系统处于"正常"的稳态 $E_1$ 下，经济的产出水平较高，标准情况下 $NX_e > |I_e\gamma\mu'|$ 的成立。稳态 $E_2$ 代表"脆弱"的情况，此时，$NX_e < |I_e\gamma\mu'|$。这个层面产出水平的轻微偏差就会导致一个短期的投资热潮，或致使经济活力下降，因而，这个平衡点是不稳定的。稳态 $E_3$ 处于"危机平衡"情况，在这个平衡点的投资活动因为较高汇率值而受到较大抑制。然而，

由于 $NX_e > |I_e\gamma\mu'|$ 表明此时的出口相对投资需求更有优势,所以 $\dot{Y}$(产出)等斜线的斜率又会恢复为正值。

## (二)国内价格动态

在汇率大幅波动的背景下,国内产品价格不变的假设是有问题的,因为汇率可以通过几个方面影响国内价格水平,如进口货物的价格、居民消费价格通胀率、中间投入价格、由于消费价格通胀导致的名义工资变化等。

基于简单的增强预期,在开放型经济中,工资—物价的菲利普斯曲线(基于常数生产率的生产函数和成本加成定价的假设),可以记为:

$$\hat{p} = \beta_p(Y - Y^n) + \hat{p}_c^e$$

其中,$p_c = p^\theta(ep^*)^{1-\theta}$,$\theta \in (0, 1)$。$p_c$ 为居民消费价格水平,是以本币表示的国内和国外价格水平 P 与 $P^*$ 的几何均值,上标 e 表示期望值。保持 $P^*$ 为常数,假设 p 的通胀以及渐近合理的名义汇率贬值可以被正确预期,则可以重新描述开放经济的工资—物价菲利普斯曲线为:

$$\hat{p} = \beta_p(Y - Y^n) + \theta\hat{p} + (1 - \theta)\beta_\varepsilon(1 - \tau)$$

经过重新整理,定义:

$$\widetilde{\beta}_p = \beta_p/(1 - \theta)$$

从而,可得:

$$\dot{p} = [\widetilde{\beta}_p(Y - y^n) + \beta_\varepsilon(1-\tau)]p \tag{6-13}$$

## (三)小型开放经济系统模型

当 e 和 p 在产品及金融市场中都被允许调整至不平衡情况

时，模型由下面的微分方程构成：

$$\dot{Y} = \beta_y [C(Y - \bar{T}) + I((1-\gamma)r, \gamma\mu) + \delta\bar{K} + \bar{G} + X(\bar{Y}^*, \tau, Y) - Y] \tag{6-14}$$

$$\dot{\tau} = (\beta_e/p)[f(i(Y, \bar{M}/p) - \bar{i}^* - \beta_\varepsilon(1-\tau), W, \kappa) - \tau F] - [\tilde{\beta}_p(Y - Y^n) + \beta_e(1-\tau)]\tau \tag{6-15}$$

方程（6-14）是方程（6-4）中所述的标准的产品市场调整机制，方程（6-15）集合了方程（6-12）和方程（6-13），用以代表 τ 对于 Y 变化的调整。从中可以发现，$Y > Y^N$ 时，e 升值，$\dot{p} > 0$；$Y < Y^N$ 时，则反之。此时的货币危机 D-P 模型的相图见图 6-4。

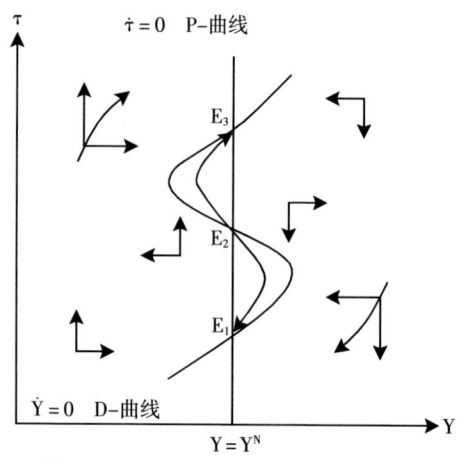

**图 6-4 基于价格渐进调整和汇率浮动的 D-P 系统相图**

根据雅可比行列式进行的系统动态分析与图 6-3 中名义浮动汇率制度的 D-A 系统相图"局部稳定性分析"相类似，所以此处不再赘述。

## 五、应用一：利率调整政策效应分析

本部分在一国经济系统处于部分负债美元化情况下，基于总投资的利率弹性较低、较高两种情形，对货币当局采取货币盯住政策成功和失败的两种效果分别予以分析。

### （一）货币盯住的成功防御

在只有部分负债以外币计值（$0<\gamma<1$）的经济中，国内利率 $i$ 上升将直接影响总投资，因为随后的投资减少将由国内企业即（$1-\gamma$）部分承担。接下来的分析将展示，货币当局的国内利率的提升所产生的潜在反向生产力，是如何取决于总需求与利率变动弹性的。

假设货币当局通过提高国内名义利率成功降低了外汇市场的压力，使现行汇率保持或轻微偏离之前的水平，图 6-5（a）和图 6-5（b）分别绘制了总投资的利率弹性在较低和较高两种情况下各自维持汇率水平成功和失败时可能发生的实际汇率与产出的系统动态。

图 6-5（a）和图 6-5（b）分别代表总投资利率弹性较低和较高两种情况，图 6-5（a）和图 6-5（b）中的 a 曲线和 b 曲线分别代表维持汇率水平成功和失败时的实际汇率与产出的系统动态轨迹。

在图 6-5（a）中，如果总投资的国内利率弹性是低的，$\dot{Y}=0$ 等倾线不会大幅向左移动，在经历短期的轻微生产和就业过剩以及温和的国内通货膨胀之后，经济将返回到平衡点 $\tau_1$，非常

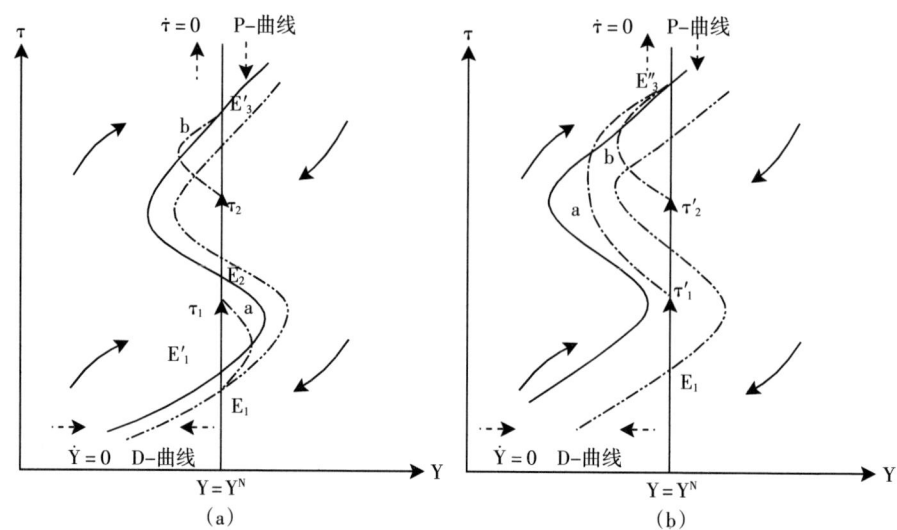

图6-5 货币盯住防御下实际汇率与产出的系统动态相图

接近危机前的平衡状态 $E_1$，如 a 曲线所示。

相反，如果总需求对利率变动的弹性高，D 曲线将显著地向左移动，可能会错过 $E_1$，如图 6-5（b）的 a 曲线所示。因此，国内利率上升，总需求下降，尽管名义汇率被成功防御，也将导致短期内严重的经济放缓。从中期来看，平衡点 $E_3''$ 是唯一的经济能够收敛到的稳态。由于 $Y < Y^N$，尽管名义汇率可能保持不变，国内的价格水平也将下降，则 $\dot{\tau} > 0$。此时，国内价格水平的下降将提高国内产品在国际市场上的竞争力，扩大出口量，并导致经济在运行中期达到充分就业水平 $E_3''$，可以称为高出口和抑制投资。

## （二）货币盯住的失败防御

前文讨论的情况是在国内货币当局加息成功的假设基础上，然而在过去几十年，多数货币危机已经证明，外汇市场的压力是如此巨大，以至于货币当局可能会被迫让名义汇率贬值或浮动。在此种情况下，通过外汇信贷进行项目融资的部分国内企业会发生资产和债务之间的货币错配，总的来说，会导致金融部门信贷紧缩，并致使投资减少。

总的经济后果是具有灾难性的，因为不是一小部分，而是全部的企业部门投资都被抑制了。当然，投资减少的程度取决于总需求的利率弹性，如图 6-5（a）中的 b 曲线和图 6-5（b）中的 b 曲线，其中，展示出一条重要启示，即总需求的利率弹性越高，货币崩溃后，经济所经历的不景气时期越长，经济在中期运行所收敛到的均衡实际汇率水平也越高，如图 6-5（b）中的 b 曲线所示。

### （三）短期政策应对

由于可能发生前文讨论的情景，福尔曼和斯蒂格利茨（1998）、克鲁格曼（2000）指出，在针对本国货币的投机性攻击期间的特定情况下，国内利率下降而非增加，可能是正确的措施。事实上，如果因为汇率本身对经济活动的作用并不直接，货币当局就妄图一劳永逸通过降低利率来稳定甚至提高经济活力而不顾汇率水平，就会带来外汇市场的动荡，这种措施将导致更大的汇率贬值。

在图 6-6（a）中，总需求的利率弹性是低的，D 曲线并没有在利率下降后显著右移，所以，在短期内 $\tau'$ 位于 $E_2'$ 之上。在这种情况下，经济将经历一段就业不充分、物价下跌（因为 $Y < Y^N$）以及有外币负债的国内企业投资低迷的时期，直到达到 $E_3'$。经由实际贬值推动净出口增强的机制，经济会再次返回到其 NAIRU 就业水平，如图 6-6（a）中的 a 曲线所示。

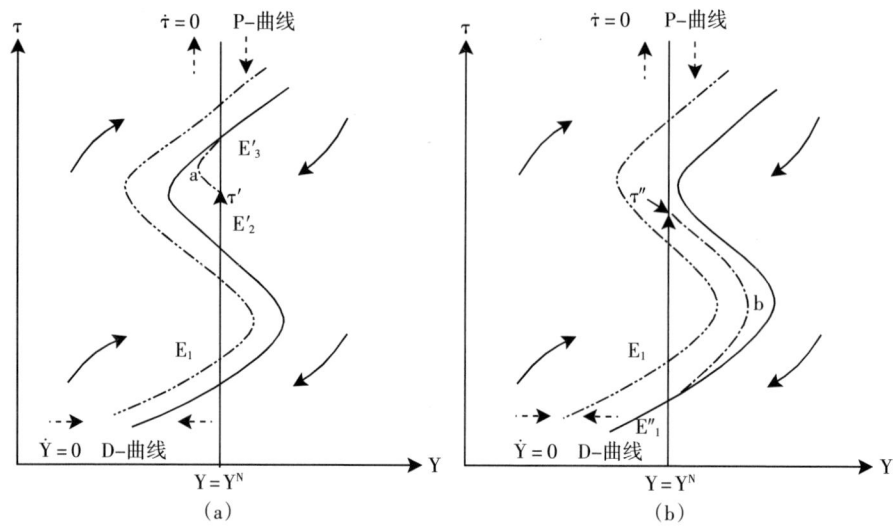

**图6-6** 以降低利率应对投机性攻击的基于投资总额利率弹性的两种可能的应对后果

在图6-6（b）中，总需求的利率弹性是高的，由于国内利率下降，投资总额会上升，使D曲线显著向右移动（甚至$E_3''$会消失，如图6-6（b）所示），于是，$\tau''$在短期内位于$E_2''$（如果存在）的下面。因此，在这种情况下，最终结果是经济会经历一段由更高的总投资和净出口所造成的生产过剩和过度就业时期。然而，由于国内物价水平的增加（因为$Y > Y^N$），随着时间的推移，国内产品将失去竞争力，净出口将再次下降，使经济恢复至NAIRU的生产水平$E_1''$，如图6-6（b）中的b曲线所示。

### （四）实证分析——以中国为例

根据前文的讨论和结论，以中国为例，选择四个主要经济变量从1997年第一季度至2010年第二季度的季度数据来实证分析实际汇率与产出的系统动力特性。1997年东南亚金融危机和美国次贷危机可以作为对经济系统有显著影响的投机性攻击，那么，接下来将探讨基于利率调整政策背景下的产出对实际汇率的反应，而且还可以进一步解读人民币的升值。

1. 变量和数据说明

四个变量是 GDP（实际 GDP）、CPI、E（实际汇率）和 R（贷款利率）。所得数据来自国际货币基金组织数据库，计量单位分别是十亿美元、百分比（2005 年 = 100）、元/美元和年利率。变量的变化率（%）被定义为 $DX = [(X_{t+1} - X_t)/\bar{X}] \cdot 100$（$t = 1, \cdots, 53$），其中，X 分别代换为 GDP、CPI、E、R，图 6-7 显示了各变量的时间序列折线图。

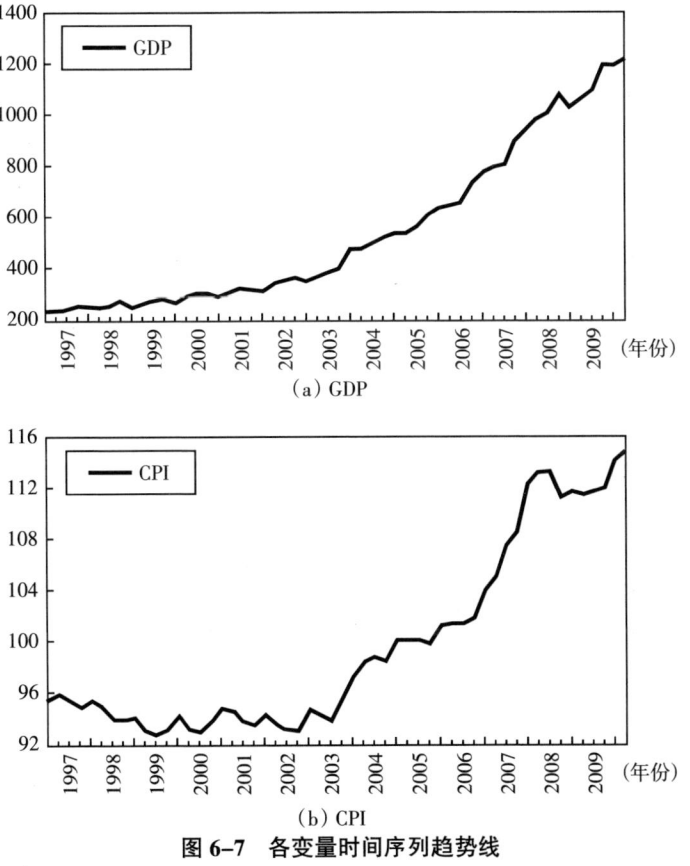

图 6-7 各变量时间序列趋势线

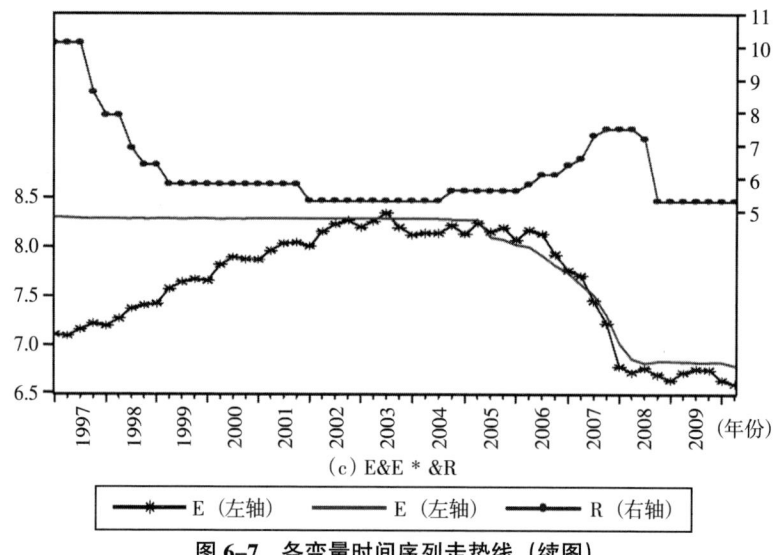

图6-7 各变量时间序列走势线（续图）

注：①图6-7（a）的GDP序列经过名义GDP（GDP*）的调整，计算公式：GDP=GDP*/CPI。
②GDP和CPI序列去除了季节周期因子。
③图6-7（c）中 $E = E^* \cdot CPI^*/CPI$ 为实际汇率。其中，$E^*$ 为名义汇率；$CPI^*$ 为美国CPI，2005=100；CPI为中国CPI。

图6-8显示了四个变化率（DG、DE、DC和DR）序列的折线图。

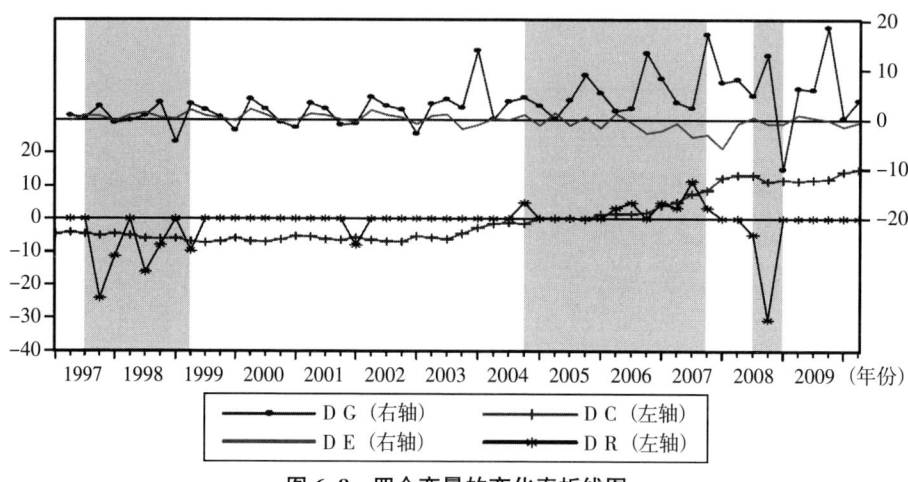

图6-8 四个变量的变化率折线图

格兰杰因果检验表明：零假设"DE 不是 DG 的 Granger 原因"在滞后 1~16 阶都以 10%显著性水平被拒绝（检验 P 值为 0.01056~0.08937），这意味着汇率的变化对国内生产总值变化有长期影响。

2. 利率调整效应的动态分析

图 6-8 有三个灰色区域，标示着变量 R（贷款利率）的重大变化时段。左边灰色区域，从 1997 年第三季度至 1999 年第二季度，在东南亚金融危机期间，有 5 次贷款利率下降（DR＜0），然后保持不变，在 2001 年又下调一次，持续到 2004 年开始上调；在中间灰色区域，从 2004 年第四季度到 2007 年第四季度，贷款利率上调（DR＞0）7 次；但是在右边灰色区域的 2008 年第四季度突然大幅下降，变化率超过 30%，且一直保持不变（DR＝0，沿零线）。

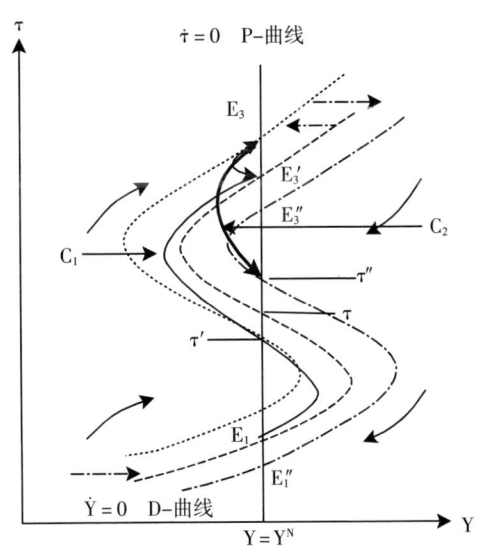

图 6-9　1997 年第一季度至 2010 年第二季度中国的 D-P 系统动态相图

## 金融危机演化的系统复杂性解析

东南亚金融危机没有对中国造成严重冲击,中国投资总额的国内利率变动的弹性较低,$\dot{Y}=0$ 等倾线不会在危机时刻显著左移,因而将从图 6-9 中的 $E_1$ 上升到 $\tau'$,类似图 6-5(a)中的 a 曲线。贷款利率下降后,D 曲线会向右移动,使 $\dot{Y}=0$ 等倾线从图 6-9 的 $\tau'$ 升到 $E_3'$,类似图 6-6(a)中的 a 曲线,施行了一次成功的货币盯住防御。

当贷款利率在中间的灰色区域中提高时,D 曲线会再次向左移动,$\dot{Y}=0$ 等倾线将从 $E_3'$ 上升到顶点 $E_3$,图 6-8 左、中两个灰色地带的系统动态轨迹为图 6-9 中的 $C_1$ 曲线所大致勾勒。

2005 年,中国实行有管理的浮动汇率制度,图 6-7(c)显示,2005 年第三季度至 2008 年第三季度,美国金融危机爆发,实际汇率和名义汇率都持续下降,然后略有回升。图 6-9 中 D 曲线在 DR 大幅下跌(图 6-8 右灰色区域)后将向右移动,$\dot{Y}=0$ 等倾线可能会在 $\tau''$ 附近降落至"脆弱"情况下的稳定点,图 6-9 的 $C_2$ 曲线大致勾勒出了此时段的系统产出动态轨迹。

货币危机 D-P 系统动态性的实证分析显示,在中国经济中,特别高的负债美元化程度,降低了投资总额对国内利率变动的弹性,而且在货币危机期间,利率是货币当局一个重要的控制变量。此外,人民币升值,使经济系统从"危机"稳态 $E_3'$ 下降,途经"脆弱"情况 $E_2''$ 点(2009 年第二季度危机深化期在此停留),最终会向"正常"情况的稳定状态 $E_1''$ 回归,降低了经济衰退的程度以及经济系统崩溃的风险,证实了危机深化阶段的利率调低政策效应显著有效。

# 六、应用二：金融救助政策效应分析

在远离平衡态的条件下，虚拟经济系统的"非平衡相变"常常以金融危机爆发作为系统崩溃和能量释放的途径。例如，在虚拟经济过度膨胀并背离实体经济达到自组织临界状态时，货币政策的突然紧缩将引起市场预期的逆转和资产价格的下跌，但是否导致金融危机还要取决于系统波动是否使系统从临界态跃迁到超临界态，超临界态下系统必定崩溃。所以，中央银行调控货币政策的力度和时机在危机爆发时具有非常重要的作用，突变式的大幅度紧缩货币政策会使市场没有缓冲余地，而流动性的急剧短缺将使资金链条断裂，导致系统超越临界状态，加剧金融系统崩溃的风险。

## （一）金融救助简介

金融救助是指政府以紧急注入资金的方式拯救发生危机的金融市场或金融机构，以此，提高市场流动性，维护市场信心，维持金融机构的清偿能力、经营能力等。金融危机的作用之一在于对风险价值的重新认识，风险重估可能引起的资产损失和流动性不足之间具有自我循环与自我强化，这种正反馈机制可以导致金融系统的崩溃。针对问题金融机构的资产、负债和资本金救助能打破这种恶性循环，维持金融系统的运行。对金融危机的救助涉及不同的救助层面，有宏观经济稳定层面的救助，有国际收支方面的救助，也有直接针对国内金融体系和金融机构的救助。针对这次美国金融危机的救助，主要应对方式是各国对其国内金融体系和金融机构的救助,这类救助大致可以分为资产救助、负债救助和资本金救助三类。

资产救助是指直接针对问题资产的救助方式。最一般的做法就是由政府购买问题资产,防止其陷入资不抵债的破产境地。资产救助虽然效果显著,但是需要大额资金支持。巨大的救助风险成本会产生道德风险问题。

负债救助是指由负债方为金融机构提供援助,通常由中央银行担当最后贷款人的角色,通过再贷款、再贴现及公开市场业务等政策性工具为金融机构提供融资便利。政府为金融机构的负债进行担保也是负债救助的一种方式。两种方式都能避免金融机构由于流动性不足而贱卖资产,从而打破流动性不足与资产损失之间的自我循环和自我强化机制,维持金融体系的运转。负债救助虽然不能弥补资产损失,仍然需要金融机构自身来消化,但可以避免金融机构产生流动性不足的问题,维持其继续运转,为其他救助行动赢得时间。

资本金救助则是一种可以弥补资产损失的救助方式。与政府直接购买问题资产的救助方式相比,这种资本金救助方式需要的资金更少。同时,资本金救助使金融机构更谨慎地管理资本,较好地解决了道德风险问题,但金融机构需要较长时间来恢复。更加谨慎的资本管理会使风险贴水居高不下,使融资和投资成本增加,意味着实体经济会受到一定的损害。资本金救助由政府出资入股问题金融机构,实际上是对问题金融机构的国有化。

以上三类救助方案都能打破资产损失与流动性不足之间的正反馈机制,避免金融系统崩溃。但是负债救助只能为其他的救助行动赢得时间,而不能彻底解决金融机构的资不抵债问题;

资产救助虽然能迅速解决资不抵债问题，但是需要付出巨额成本，还会产生道德风险问题，为下一轮危机埋下种子；资本金救助的资金成本最小，也可以抑制道德风险，但是其引致的更加谨慎的资本管理会提高融资成本，影响实体经济复苏。在金融危机的不同阶段，对救助速度、效果和成本可能有不同的要求，因而，可以在三者之间寻求合适的匹配组合。

救助资金分为三个主要来源：纯粹的财政资金、纯粹的央行资金和纯粹的国外资金。在现实中，救助资金有可能是三个来源的混合体。纯粹的财政资金归根结底是来自居民和企业的缴付；纯粹的央行资金意味着所有的救助资金全部来自中央银行的货币发行；国外资金的来源是外汇储备、居民和企业持有的外汇，以及国际货币基金组织的资金等。现实中，三种资金来源也需要组合运用。

根据危机成因，实施不同的救助措施。对金融危机的救助需要根据危机产生的原因、危机持续的时间以及危机对市场和金融机构的影响，来实施不同的救助方案。同时，在不同的环境下，政策选择空间会有所差异，因此，在制定和实施政策中，要充分考虑经济增长、通货膨胀、就业水平等因素，通过实施不同的政策组合来对危机进行救助。一般而言，短期救助以提供流动性为主要手段；中期救助以恢复市场信心为目标；后期恢复则以经济运行稳定为原则。

### （二）金融救助效应的模型分析

以此次美国金融危机为例，金融危机发生时，美国国内部分金融机构破产而导致的资本市场动荡，很快传递到实体经济部门，对中国的最直接的影响是出口的萎缩和资本市场货币流动性下降。在图6-6（a）中，D曲线将显著向左移动，国内产出在短期内会大幅下降，甚至会错失脆弱期的$E_2$点，由于$Y<Y^N$，国内物价指数会下跌，但美国是危机产生国，物价会上涨，所以实际汇率升值。如果没有政府救助措施，对外出口和国内需求短期内又不能扩大，那么，D曲线有可能难以右移恢复到正常水平，或者即使能够恢复，也要经过较长时期的产出不足，对实体经济带来深度伤害，即所谓的经济落入"流动性陷阱"，轨迹近似图6-5（b）中的b曲线。

如果实施金融救助，同时辅以降低利率和其他政策性金融工具以增加市场流动性，以及实施减税、扩大内需等配套措施，则会改变系统演化轨迹，推动D曲线向右移动。

但是，在短期内，由于实体经济难以迅速消化大量的货币流动，故会使货币资本进入商品流通领域而导致物价上涨，出现通货膨胀，实际利率下降，从而导致均衡点由危机期的$E_3$（见图6-4）向下调整，经过一段时间后，到达$E_2$点位置，产出水平恢复到危机前水平。此时，如果出口经济恢复良好或外部经济不景气但国内需求得到刺激而扩大，或者工资不变，通货膨胀降低劳动成本而使就业增加，都能推动产出增加，有望长期内实现实际汇率回调至$E_1$点。

## （三）实证分析——以中国为例

2008年10月全球金融危机爆发后，中国政府于11月出台了4万亿元人民币的经济刺激政策，其中，45%投入了基础设施建设工程，25%投向灾后重建和农村民生基建，7%投入保障性安居工程等。在短期内，由于美国、欧共体等发达国家处于危机恢复期，中国的出口经济已经失去带动力，而国内消费需求由于工资水平未能大幅提高及其他措施尚未到位,难以显著扩大,于是大量救助资金被投入了房地产业,再加上游资炒作,导致从 2009 年 4 月开始,中国各地的房地产价格一路飙升,达到了历史上的最高价位,与此同时,中国银行业的信贷规模和力度也达到了历史性高度,使得房地产业成为经济复苏的助推器,国内经济跃出了"流动性陷阱",货币政策短期内有效。

表 6-2　2007 年第三季度至 2012 年第二季度中国资金来源方与应用方所设变量

| 来源方 | 各项存款比 | 国际金融机构负债比 | 金融债券比 | 流通中现金比 | 财政存款比 |
|---|---|---|---|---|---|
| 运用方 | 各项贷款比 | 国际金融机构资产比 | 有价证券及投资比 | — | |

图 6-10 给出了 2007 年第三季度至 2012 年第二季度所设的 8 个变量值的时序图。

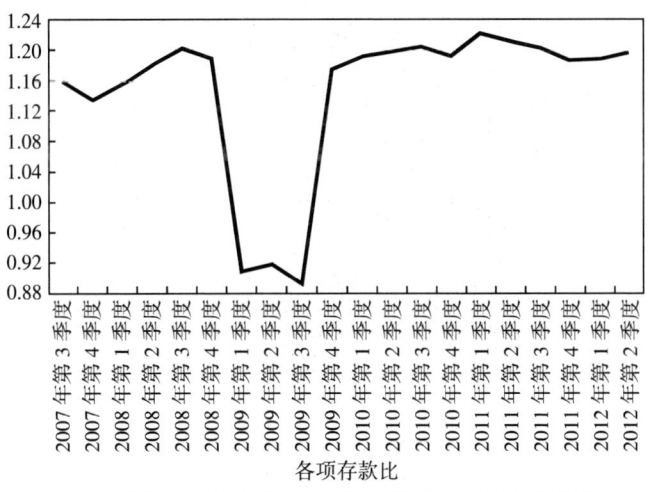

图 6-10　2007 年第三季度至 2012 年第二季度中国资金来源、应用节选指标比率值时序图

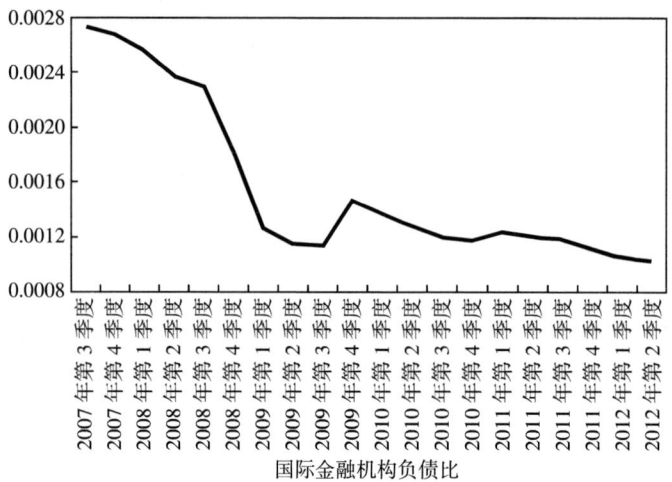

国际金融机构负债比

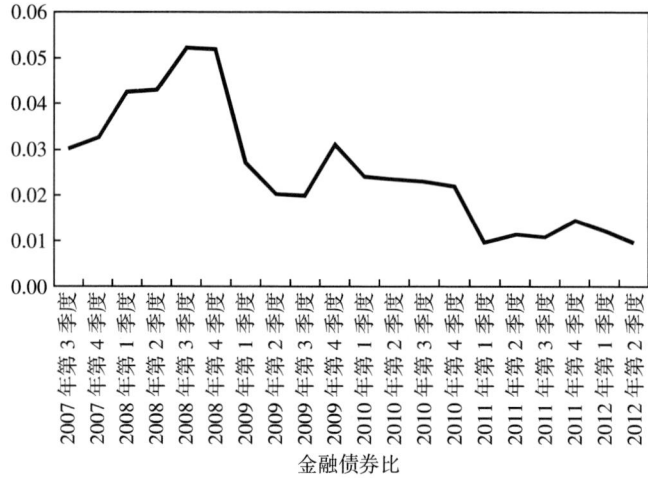

金融债券比

图 6-10 2007 年第三季度至 2012 年第二季度中国资金来源、
应用节选指标比率值时序图（续图）

第六章 金融危机深化期的政策效应建模分析

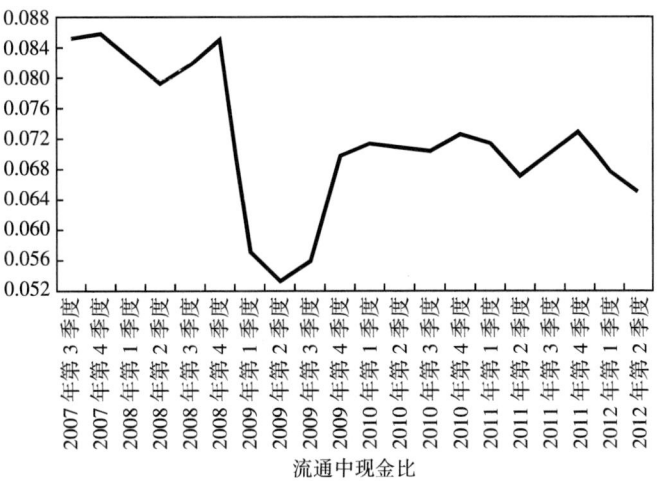

流通中现金比

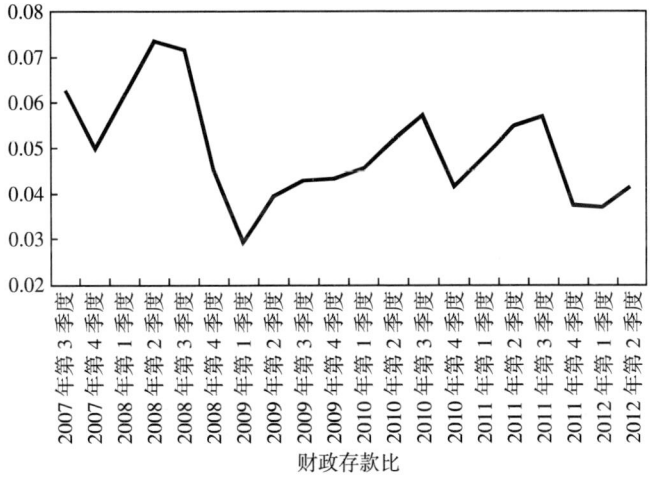

财政存款比

图 6-10 2007 年第三季度至 2012 年第二季度中国资金来源、
应用节选指标比率值时序图（续图）

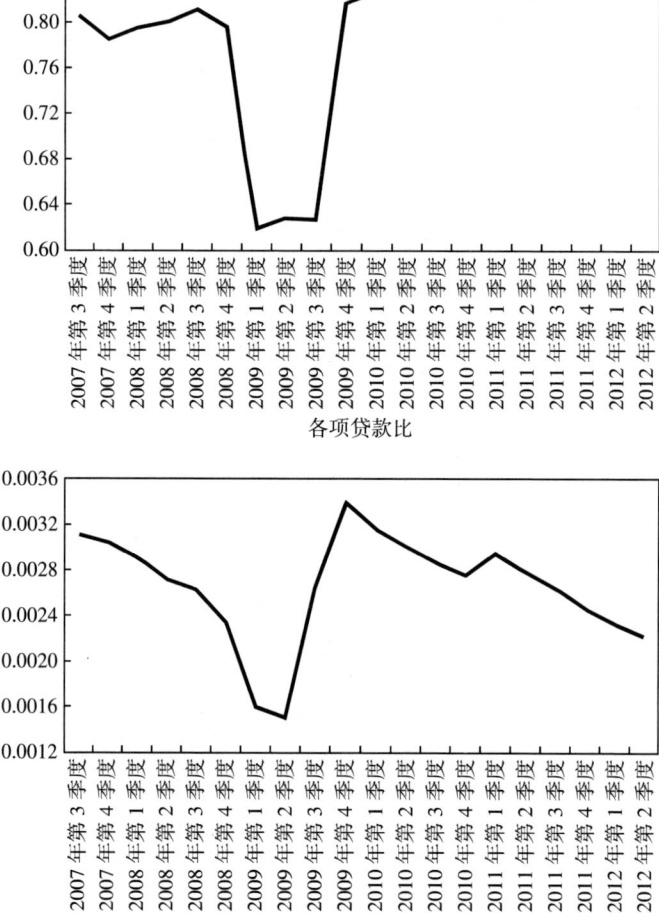

图 6-10 2007 年第三季度至 2012 年第二季度中国资金来源、应用节选指标比率值时序图（续图）

第六章 金融危机深化期的政策效应建模分析

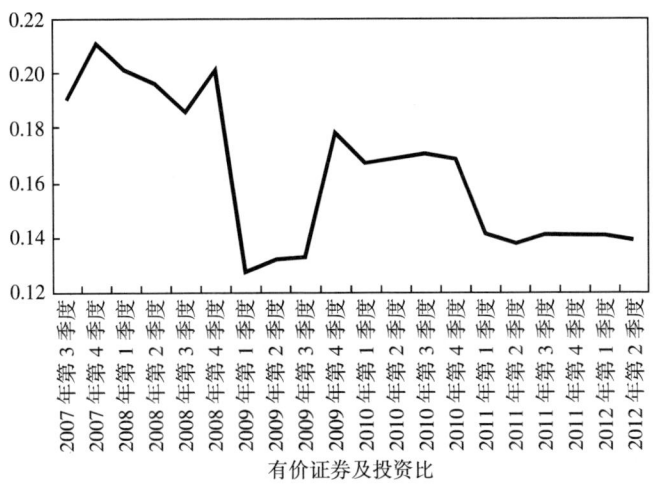

图 6-10　2007 年第三季度至 2012 年第二季度中国资金来源、
应用节选指标比率值时序图（续图）

注：统计机构为中国人民银行、政策性银行、国有商业银行、其他商业银行、城市商业银行、农村商业银行、农村合作银行、城市信用社、农村信用社、信托投资公司、财务公司、租赁公司、邮政储蓄银行、外资金融机构、村镇银行、汽车金融公司。

资料来源：相应时间的《中国金融》中，金融机构本外币信贷收支表。

在图 6-10 中，各比值的共同轨迹特征是在 2009 年第一季度探底，在 2009 年的第四季度完成回升。其中，只有三项指标回升至危机前水平，即各项存款、各项贷款、国际金融机构资产，而国际金融机构负债、金融债券、流通中现金和有价证券及投资四项指标显著低于之前水平。从各项轨迹图可以看出，中国经济的恢复速度是较快的，在一年的时间里跳出了可能对实体经济带来实质性伤害的"流动性陷阱"，证明中国的金融救助政策的短期效应是显著且良好的。

然而，从中期来看，我国的边际消费倾向、投资的利率弹性都较小，所以，应对金融危机的金融救助政策效果会减弱。短期内货币供应量的增加对产出和物价均产生了推动作用，说明货币在短期是非中性的，而长期内，货币供应量的变化对物价会产生较显著影响,但对产出的影响会逐渐消失,即货币在长期是中性的。

## 七、本章小结

本章基于产品市场和金融市场的平衡,通过建立危机期间名义汇率和价格可渐进调整的系统模型,着重分析了小型开放经济下的系统动态性。讨论了在部分负债美元化情况下,分别基于较低和较高的总投资利率弹性,实施货币盯住措施成功和失败两种情形的系统动态特性。通过对危机深化期降低利率政策和金融救助政策的短期政策反应进行实证分析,得出政策实施有效的结论,模型应用成功。

# 第七章　后金融危机时期的系统演化趋势分析

如果以全球金融体系为大系统，以一个国家的金融系统为要素，那么，某国家发生金融危机后，全球金融系统中其他国家就将会是与其发生程度、方式、结果等各方面金融关联作用的元素，这种以全球化金融系统为终极宏观层次的视角，可以形象地被看作一个按一定秩序或规则运动着的"粒子"集合，某个国家的危机爆发就如同某一粒子发生异常动作，必然与其他粒子发生碰撞，既会改变自身运动轨迹，也会改变其他粒子的轨迹，而且，其他粒子的改变还会反作用于该粒子以及其他粒子，这种持续、相互地反复"碰撞"，正适用于"群体物理学"的研究内容。虽然从学科分类上讲，"碰撞"的内涵不同，但是，有一点可以明确的是，"碰撞"的结果不但可以改变个别"粒子"的运动轨迹，也可以改变"粒子"集合原有的运动秩序或规则，实现系统整体的演化、变迁。

金融危机经历爆发期的经济、金融动荡，在一国之内的系统各部门、各元素之间造成结构、功能、目标等方面调整的同时，由于开放系统的作用机制，必然牵连别国系统的相关部门、元素，不可避免地产生"碰撞"，产生"群体动力"，直到系统形成新的秩序，达到一种新的平衡。如果将各国系统内部应用各种金融政策工具进行系统维稳调整的时段作为危机深化期，那么，当经济基本复苏后，就可以将各国系统维稳调整后彼此之间的相互影响、相互作用的时段定义为后金融危机时期，这两个时段的复杂的系统作用机制将影响未来全球金融系统的演化趋势。

# 一、金融危机的"传染"

就金融危机来讲，"群体物理学"中的"碰撞"即是所谓的"传染"。一个国家金融系统发生的金融危机的扩散可以分为对内、对外两个方向，其中，对内扩散是指在一国金融泡沫化基础上，货币危机与银行危机等各种危机之间相互转化，从而向更大程度的金融危机发展的过程，不妨将这种一国金融系统内部纵向深化的演变称为"传导"；而对外扩散是指一国金融危机导致别国发生危机的概率增加，或者直接就是另一国金融危机发生的原因，它强调的是危机发生的可能性在国与国之间的传递机制，一般来说，人们将这种一国金融系统与外部金融系统之间横向关联的显著的相互作用、影响及干扰称为"传染"。

## （一）"传染"效应

金融危机传染（Financial Contagion）是指某国国内金融市场运行失衡所导致的危机，通过资本市场和货币市场等金融关联渠道，引致其他国家金融市场失衡或混乱的过程。世界银行对金融危机传染的定义是如果两国金融市场间危机时期的影响概率比非危机时期的影响概率大，那么，称两个金融市场之间发生了金融危机传染。

传染问题是金融危机研究热点之一，Gerlach（1994）、Masson（1998）以及Chang和Majnoni（2002）认为，如果国际投资者基于理性，在特殊的金融环境（金融危机）下对一国市场的投资期望突然发生改变，或者针对某国的危机发生而改变对另一国的投资信心时，那么，就产生了危机传染效应。Pericoli和Sbraeia（2003）曾分别从影响概率、资产价格波动率、传染渠道变化等方面对危机传染进行了界定，传染效应可以分为四类。

第一类，指一个国家发生的金融、经济危机恶化了别国的宏观经济基础而导致其发生危机，称为"季风效应"（Monson Effect）。以发达国家为主导的全球经济体系的变动必然会对诸多发展中国家产生影响。正如迈克尔·佩蒂斯所指出，始于发达国家的、大范围的资本流动性萎缩，是导致金融危机的根本原因。

第二类，通过贸易渠道产生的危机传导效应，称为"溢出效应"。当一国发生危机时，通常会导致本国货币贬值，从而使该国出口竞争力增强，引致对其贸易伙伴国的出口增加而进口减少，使贸易伙伴国贸易赤字增加，经济状态恶化，此时，也称为"贸易伙伴型传导"。

第三类，危机的"净传染效应"，指一个国家的货币危机诱发了另一个国家的货币危机是基于投资者的心理预期，不能由宏观经济基础变量来解释，是由经济中的多维平衡点及投机者的"自促成"（Self-fulfilling）因素导致的传染效应。某国危机发生后，投资者对其他类似国家的心理预期变化和信心危机所造成的情绪改变，可能会产生"羊群效应"，结果导致了对这些国家的"自我实现"式投机攻击，产生净传染。由于净传染的理论基础是第二代金融危机模型，因此，也称为"多维平衡点"

传染模型。其中,"羊群效应"是指投资者在危机爆发期容易产生的一种盲目从众心理,当他们由于信息不对称,无法依据自身理性来区分危机时期各国金融市场的基本情况时,投资者通常会跟随其他投资者的行为或情绪,导致资金大量同时迁移,发生净传染。而与此相对的,某国发生金融危机后,如果投资者基于掌握了危机发生国与所投资国家在经济、金融等方面较为充分的信息而理性地重新评价相关风险,并据此改变自己的资产组合,如此的资金转移效应被称为"示范效应"或"唤醒效应"。

第四类,"竞争型传导效应",指竞争中的两国的出口竞争于同一个市场,其中,某国遭受货币危机,使该国货币大幅度贬值,从而降低了出口竞争力,导致宏观经济恶化,引发投机者对另一国货币发起攻击。这种传导借助于存在多重均衡的宏观经济模型,即宏观经济基本面与资产价格之间所存在的多种对应关系,来解释危机的国际传导过程,由于其他国家发生的攻击有可能导致本国多重均衡之间发生跳跃而转向攻击均衡状态,从而引发本国危机的发生。

实际上,传染体现的是一种因果关系,而非两国危机发生时间上的先后关系。

## (二)"传染"渠道

在当今经济全球化大趋势不可逆转的现实情况下,金融危机的频繁发生既是金融风险积累到一定程度的系统释放,同时也标志着全球金融系统的逐步建立,而在这个系统演化过程中,危机"传染"渠道和程度的不同,将对金融系统演化趋势产生重要影响。金融危机"传染"主要经由实体经济和虚拟经济两大渠道而进行。

1. **实体经济传染渠道**

实体经济传染渠道包括贸易和直接投资两大渠道。

一是贸易传染渠道，分为"贸易伙伴型"与"竞争对手型"两种，从是否具有直接的贸易关系，或在贸易关系中是否处于相似地位两个方面来区分。前者属于贸易伙伴型传染，后者属于竞争对手型传染。

"贸易伙伴型传染"通常发生在贸易伙伴之间，例如，发展中国家和发达国家之间。此次美国次贷危机首先在发达国家爆发，因而其对外贸易需求减少，导致其贸易伙伴发展中国家对美国出口下降。此外，发展中国家因为具有相似的贸易结构，都竞争主要的几个发达国家市场，于是，"竞争对手型"传染也会在发展中国家之间传播。东南亚金融危机就属于典型的贸易渠道传染。

二是直接投资传染渠道，分为相似传染和投资来源传染。相似传染是指由于被投资国发生危机，外商直接投资纷纷从被投资国或者与被投资国具有相似结构、情况的第三方国家撤走，从而诱发第三方国家陷入危机。投资来源传染是指投资国发生危机，而被投资的第三方国家虽然情况良好，但由于危机发生，累及第三方国家直接投资减少，使其直接投资资金来源减少，被动陷入困境或危机。

2. **虚拟经济传染渠道**

虚拟经济传染渠道也称金融市场传染渠道，主要是通过资本市场和货币市场的资金总量、资产价格变化以及交易品种变化等方面来传递危机。

一是银行信贷渠道。金融机构在危机国承担损失后，通常会大幅度缩减与危机国情况相似的国家的银行信贷，导致资本大规模流出，产生货币危机。例如，拉美债务危机中，由于拉美国家从欧美等金融机构借入大量超过其实际偿还能力的资金，造成大量坏账，金融机构受此冲击后，会迅速从与债务国经济发展情况相似的国家中抽逃资金以规避风险，进一步扩大危机的波及面，加重危机破坏程度。

二是资本市场渠道。该渠道主要通过资本市场证券组合的相互依赖、重新分配来传递危机。投资者在危机国遭受巨额资本损失，就会在其他市场售出证券以兑换现金，然而这种抛售潮又会使相关国家面临巨大的资本市场下滑压力。而且，如果危机国资本市场的某种金融工具本身就"有毒"，那么，持有这种"有毒资产"的投资者及该国家就都会不可避免地受到这种"有毒资产"的伤害。

三是汇率渠道。一国外汇市场资金的大量流入和流出，会引起一国货币供求状况发生变化，引致该国汇率大幅波动，从而造成对该国经济的波及。这种情况通常是危机发生时，国际游资为获取利益或出于某种政治目的，有针对性地攻击某个国家或地区货币而使用的手段，例如，东南亚金融危机时泰国汇率的崩溃。

四是外汇储备渠道。一国持有危机国货币作为外汇储备，在危机国货币大幅贬值后遭受损失而陷入危机。美国次贷危机引发的全球金融危机在此处表现尤为突出，美元是首选的国际储备货币，次贷危机发生后，美国政府通过向市场注入流动性资金来缓解危机，大量美元的注入以及美国经济的持续低迷使得美元贬值，持有美元作为外汇储备的国家则不得不承受外汇储备大幅度缩水的风险。

其实，无论何种渠道，无论何种方式，资金的大量、骤然流动或资金链断裂造成的流动性萎缩都会导致金融、经济的动荡，达到一定程度就会引发经济、金融危机，所以，危机爆发期，各国在采取相应具体技术性措施的同时，都不约而同地强调"信心比黄金更重要"。这说明，作为金融系统的元素，"人"的行为对系统演化具有根本的影响。

### （三）"传染"特性与检验

计算机网络时代的到来，促使各国贸易、金融、经济波动的同步性和金融波动的全球化成为金融危机国际传导的助推器。一国经济指标或政策的变化，可能会造成一个国家或地区的金融危机迅速扩散为全球性金融危机。

金融危机爆发后，是否存在危机传染效应，传染的时间、空间特性如何，都需要有合适的检验方法。为此，诸多国际金融机构在过往金融危机发生、发展的基础上，研究开发了几种有效的方法来识别和检验金融危机传染效应，按时间顺序划分20世纪90年代和21世纪初两个时期，可以通过这些方法的研究背景及结论，大致了解危机传染特性的演变。

1. 20世纪90年代

20世纪末后十年是区域性金融危机向国际性金融危机过渡的时期，危机的频繁爆发使得对金融危机传染的研究迅速发展起来。典型的方法有以下三种：

一是条件概率检验法。Eichengreen（1996）提出，通过估计其他国家、地区爆发危机时本国发生危机的条件概率来检验是否具有传染效应，他应用 Probit 模型估计条件概率得出结论：危机在具有贸易往来的国家之间传染的概率更高。Glick 和 Rose

（1999）以五次危机的数据为样本根据 Probit 模型检验，发现国际贸易的地域关联特性使金融危机传染具有区域聚集性。

二是相关性分析。Masson 等（1998）提出"纯粹性传染"，通过比较两个市场在平稳期与危机期的资产价格相关系数，以后者显著大于前者来证实传染效应。Calvo 和 Reinhart（1996）检验了 1994 年墨西哥危机的传染效应，发现与亚洲、拉美新兴市场之间的传染效应显著；Balg 和 Goldfajn（1998）根据 1995~1998 年每日数据检验东南亚五国的利率、外汇、股票和国内债券市场的相关系数，也验证了"纯粹性传染"。

三是时间序列模型分析。一类是协整分析，通过市场间的长期均衡关系是否发生偏离来检验危机传染效应，剔除长期趋势后再检验的处理可以避免市场间资产价格相关系数变化包含长期趋势的影响。Cashin 等（1995）应用 7 个工业化国家和 6 个新兴市场国家在 1989~1995 年的股票指数进行协整分析，发现危机的冲击需要几周的时间才能传染到其他国家。另一类是金融市场波动性分析，通过广义自回归条件异方差模型（Generalized AutoRegressive Comditional Heteroskedasticity，GARCH）考察不同金融市场的条件方差在危机时期是否相关来检验传染效应。Edwards（1998）根据阿根廷、智利和墨西哥三个国家数据分析墨西哥危机传染性，发现墨西哥危机对阿根廷效应显著，但对智利效应不显著。

2. 21 世纪初

1997 年爆发的东南亚金融危机对亚洲经济震动很大，催生了中国学者对金融危机的研究，2008 年的美国金融危机更是对中国经济产生了切实的冲击，一时使金融危机的国际传染性研究成为热点，主要包括以下三种方法：

一是多元检验。Dungey 和 Martin（2004）借助虚拟变量提出了一个结构变化的检验方法，相关变量经过平稳期收益率标准差的调整，将二元危机传染检验方法扩展到了多元检验。2005年，张志波等应用向量自回归模型（Vector Autoregression，VAR）分析了危机前后各国市场波动性之间的因果关系变化以及被传染国家对危机国的响应变量的脉冲响应，验证了危机传染。之后，刘旸应用 VAR 模型，基于面板数据对新兴市场金融危机传染效应的诱发因素进行实证分析，证实金融自由化程度、资本账户余额、外债与 GDP 的比率及贸易状况四个因素是阿根廷金融危机国际资本、俄罗斯金融格兰杰危机和东南亚金融危机传染效应的共同诱因。李成等（2009）对五国摩根士丹利国际资本指数进行格兰杰因果关系检验和脉冲响应函数分析，结果表明金融危机爆发后，美国与其他四国间的关系由次贷危机前平稳期的单向因果关系转为了双向因果关系，危机传染存在反馈机制，即国家间存在交叉传染，脉冲响应函数检验验证了美国金融市场对其他国家的冲击强度和持续时间都更为显著。

二是 Copula 模型变点分析。叶五一等（2009）应用阿基米德 Copula 模型的变点检测方法检验美国次贷危机传染，以两个国家之间收益率的尾部相依指数作为传染程度大小的度量指标，结果表明大部分被检验的国家（地区）的股票指数收益率与美国 S&P 500 收益率之间的相依结构存在变点，而且变点发生的时刻与次贷危机发生时间基本一致。韦艳华等根据 Copula 模型研究了美国金融危机爆发时越南对周边亚洲新兴市场的传染效应，结果表明越南金融市场相对独立，与亚洲其他主要国家或地区金融市场之间的相关性很弱，传染效应不存在。

三是空间计量分析。沈丹英于 2007 年基于资本资产定价模型构造了股票指数的空间计量经济模型，同时又基于各国腐败指数和经济自由度构造了全球金融制度的空间模型，根据各国金融制度差异对1997年亚洲金融危机的传染过程和强度进行检验，证实了东南亚金融危机传染的金融制度空间依赖性显著。李刚等（2009）应用空间Probit模型构建了基于地缘区域关系、政治因素、对外贸易关系和资本项目开放度的四种空间权重矩阵，对东南亚金融危机和美国次贷危机的空间传染路径进行比较分析，结论是客观的地缘关系是传染路径，同时国家之间的政治、经济条件相似性对危机传染的影响也越发明显。

综上所述，金融危机的"传染"由于全球金融关联性的日益加强而具有必然性，其主要渠道是产品市场和资本市场，主要的物质基础是宏微观经济变量，而主要的思想基础是投资者的心理预期。金融危机"传染"的未来发展特性趋势必然是时间上的瞬时性，空间上的地域邻近性，政治、经济形态相似性，以及多方向、多渠道、正负反馈机制综合作用的网络交叉性等。

## 二、金融市场全球化趋势

对任何一个国家而言，经济一体化过程是一国经济从区域封闭走向全球整合的过程。在政策实施上，它伴随着以金融自由化、贸易自由化以及国际资本自由流动为核心的开放政策的逐步推进；在经济表现上，它表现为主要宏观经济变量逐渐与世界经济同步。因此，经济走向一体化的过程也是国际金融市场加速整合、跨国投资者连接日益密切、金融风暴连锁反应的过程。

## （一）2008~2012 年全球部分股指走势概览

2008 年国际金融危机爆发后，新兴经济体在出口扩大和内需增长的带动下率先实现强劲复苏，成为引领世界经济增长的"引擎"。本书分别选取了价格走势与资金流动有代表性的一些国家的股票指数，从它们 2008~2012 年股票价格月均线走势和 MACD（Moving Average Convengce and Divergence）显示的资金流动变化，可以大致看出金融危机爆发后全球经济复苏状况和资本流动的空间分布，从而了解危机后全球金融市场演变的动态变化。

1. 美洲

北美洲的美国纳斯达克指数和加拿大 S&P/TSX 综合指数相关走势分别见图 7-1（a）和图 7-1（b），南美洲的巴西博维斯帕（IBOV）指数和墨西哥 MEXBOL 指数相关走势分别见图 7-1（c）和图 7-1（d）。

每个国家的股票指数图中都包含两个方面信息。一方面，是上半部分的四条股指月度数据的移动平均趋势线图，分别对应 5PMA、10PMA、20PMA 和 30PMA，即跨期移动项数分别为 5、10、20 和 30，跨期越长则趋势线起点越晚，从中可以观察股指基本走势。另一方面，是下半部分的 MACD 指标图，由短期均线 DIF（波动幅度较大）、长期均线 DEA（波动幅度较小）、零轴线（水平虚线）、正值柱、负值柱五部分组成。MACD 被表示成围绕零轴线波动的柱形图，它由负值（空头）转为正值（多头）是市场买入信号，反之为卖出信号，MACD 以 DIF 与 DEA 的交叉为信号，以大角度变化表示市场大趋势的转变，从中可以大致观察资金流动的变化。

金融危机演化的系统复杂性解析

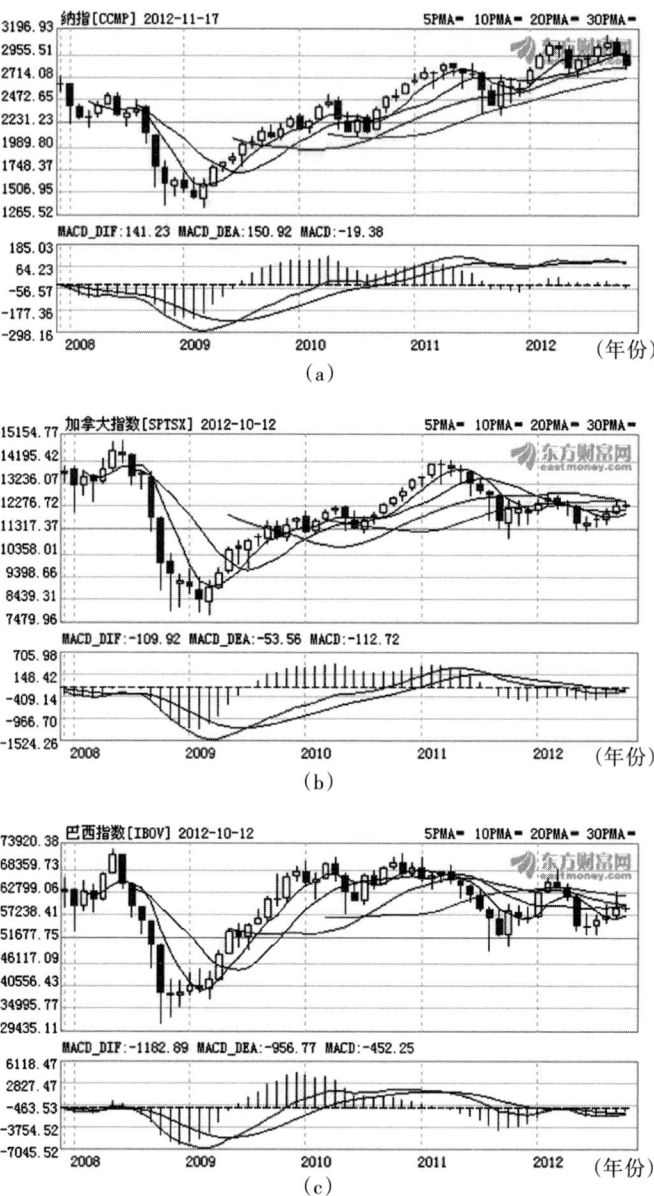

图 7-1　2008~2012 年美洲各国股票指数走势与成交量波动图

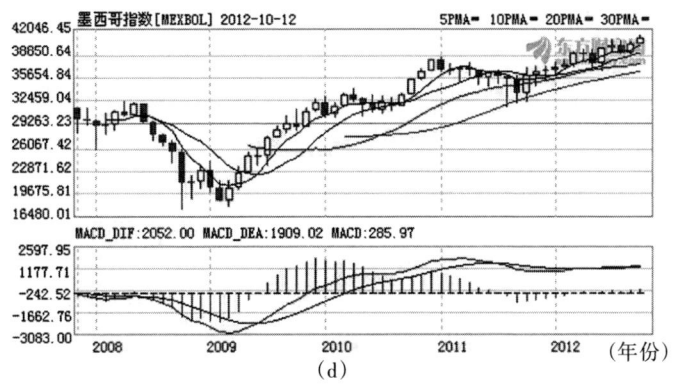

图 7-1  2008~2012 年美洲各国股票指数走势与成交量波动图（续图）

在图 7-1 中，四个国家股票指数走势都在 2008 年下半年金融危机爆发后下落，于 2009 年第一季度探底后回升，于 2010 年中期至 2011 年前后升至危机前水平附近，在 2011 年之后的时段中又大致分为两种走势，一种是上升态势，另一种为震荡调整态势。其中，美国纳斯达克指数和墨西哥 MEXBOL 指数属于前一种情况，加拿大 S&P/TSX 综合指数和巴西博维斯帕指数属于后一种情况，MACD 显示的各国资本流动柱形图也同时说明危机后前两个国家的资本市场以资本流入为主，市场稳中略升，而后两个国家则在 2011 年前后资本市场恢复后至今处于震荡略降状态。

2. 欧洲

欧洲的英国富时 100 指数、法国 CAC40 指数、希腊 ASE 综合指数和冰岛 ICEXI 指数相关走势见图 7-2。

图 7-2 中的欧洲四国股票指数走势大致代表了金融危机后全球资本市场的四种情况，即经济恢复成功、恢复欠佳、恢复乏力和彻底崩溃。其中，英国属于第一种情况，与其股指走势类似的还有德国 DAX 指数、俄罗斯 INDEXCF 指数、瑞典 OMX

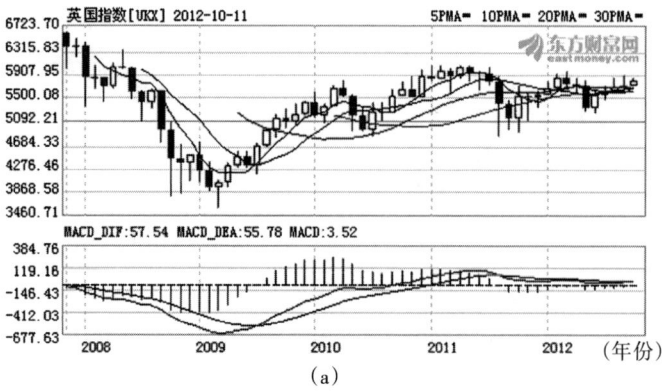

(a)

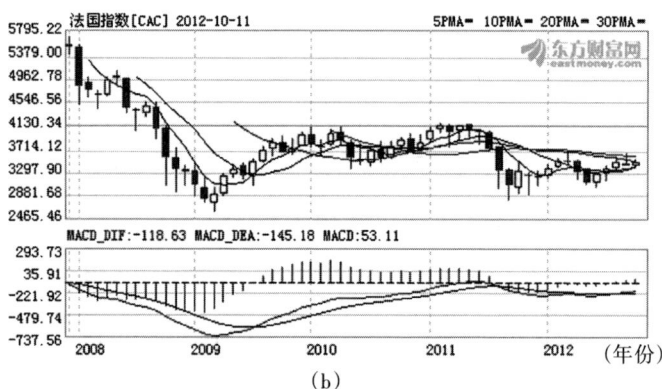

(b)

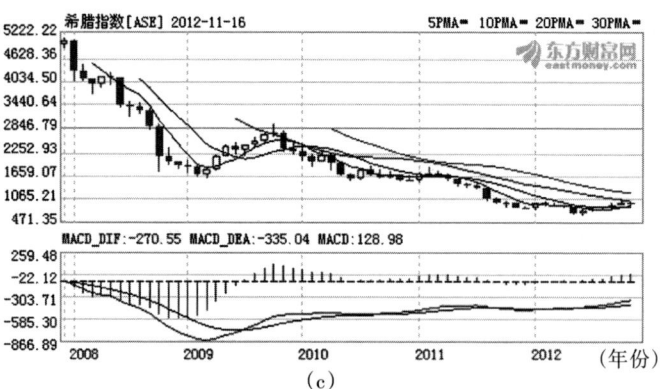

(c)

图 7-2　2008~2012 年欧洲各国股票指数走势与成交量波动图

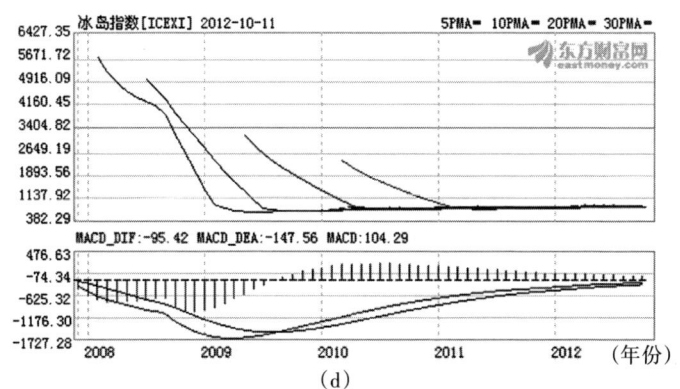

图7-2 2008~2012年欧洲各国股票指数走势与成交量波动图（续图）

指数、丹麦KFX指数和波兰WIG指数等。法国则属于第二种情况，与其走势类似的股票指数有比利时BEL20指数、瑞士SMI指数和奥地利ATX指数。意大利FTSEMIB指数走势与希腊ASE综合指数类似，虽然有反弹，但是基本没有脱离低谷价格，而且由于希腊是欧债危机的发源国，股票指数更是一路走低，回天乏力。冰岛的股票指数在2008年金融危机中最先崩溃，趋势均线显示为水平线，始终毫无起色。从图7-2中也不难看出，欧洲一部分经济基础良好的国家在危机后基本恢复成功，但是由于欧债危机的影响，资本市场的资金流动普遍不很活跃。

3. 亚洲

亚洲选取了有代表性的中国上证指数、印度孟买SENSEX指数、日本日经（NKY）指数和泰国SET指数相关走势，见图7-3。

图7-3显示，中国的股指走势与其他国家相同的是在2008年也受到冲击，股指下落，于2009年初探底，不同之处是反弹速度很快，在所选取的国家中是最快的，其次是巴西。但是从恢复的成效来看，却属于恢复欠佳的情况，图中显示从2009年底至今，股指趋势线持平且后期略降，而且MACD显示资金流

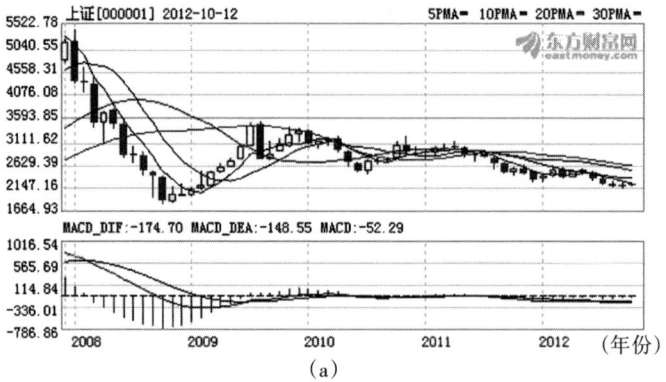

(a)

(b)

(c)

图 7-3　2008~2012 年亚洲各国股票指数走势与成交量波动图

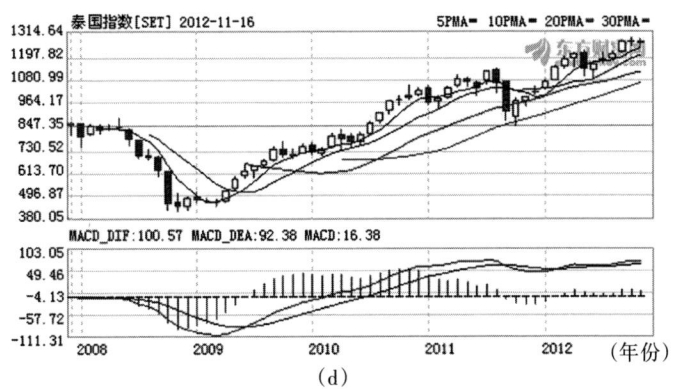

(d)

图 7-3  2008~2012 年亚洲各国股票指数走势与成交量波动图（续图）

入、流出皆不活跃，说明投资者对资本市场持谨慎态度，结合第六章所述该时期中国资金倾向房地产市场的金融援助策略，不难找到此现象的根源。

印度孟买指数显示该国经济复苏至危机前水平，资金流入在 2011 年处于活跃态势，2012 年趋缓，与其情况相类似的国家还有新加坡与韩国。日本日经指数走势与资金流动情况属于恢复乏力的情形，经济处于徘徊不振的境地，与其相类似的还有越南。在亚洲四国中，表现突出的是泰国 SET 指数和印度孟买 SENSEX 指数，与其走势反弹较快、一路上扬且资金流入活跃的情况相类似的指数还包括印度尼西亚 JCI 综合指数、巴基斯坦 KSE-100 指数、马来西亚 FBMKLC 指数和菲律宾 PCOMP 指数，说明亚洲资本市场以新兴经济体和发展中国家为主，危机后经济恢复情况总体较好、速度较快，资本市场总体较为活跃，成为全球资本流入的主要大洲，这无疑为下一轮经济繁荣奠定了资本基础，但同时也要意识到风险的积聚或许也是下一次金融危机的酝酿。

4. 非洲和澳洲

非洲和澳洲各取一个国家作为代表，南非的 TOP40 指数和澳大利亚 AS51 指数分别对应图 7-4（a）和图 7-4（b）。

图 7-4　2008~2012 年非洲、澳洲各国股票指数走势与成交量波动图

图 7-4 显示南非的情况与泰国相似，总体走势反弹较快且持续上升，资本流入活跃，而澳大利亚股指走势显示其恢复欠佳，资金流动不活跃，新西兰的股票走势与澳大利亚情况相仿。

5. 小结

本书从全球各洲选取了部分有代表性的国家的股票指数，通过对其 2008~2012 年趋势进行分析，可以得出如下三个结论：

第一,2008年美国金融危机的冲击具有全球性。不只图7-1~7-4所列14个国家的股票指数,各洲其他主要的股票指数走势都经历了一个于2008年下半年金融危机爆发后下落且于2009年第一季度探底的过程,这说明全球金融系统的内部结构关联性很强,金融危机的传染在时间上、空间上都已经具备全球同步性,同时,也证明各国资本市场具有全球同步的联动性。

第二,金融危机爆发后,各国经济复苏情况有差异。各国不同情况大致可分为四种类型:恢复成功、恢复欠佳、恢复乏力和基本崩溃。从全球角度来看,美洲、亚洲和非洲国家的经济复苏大多属于前两种类型,总体经济恢复状况良好;澳洲国家属于恢复欠佳类型;欧洲后两种类型国家比重明显高于其他大洲,总体经济恢复状况不理想。这说明,危机过后,全球金融系统结构开始发生变化,欧洲的总体经济实力出现衰退,亚洲、南美洲和非洲的金融、经济实力开始增强,以"金砖四国"为代表的新兴经济体脱颖而出,国际经济地位以及政治地位开始上升。

第三,全球资本流动的空间分布发生变化。危机过后,北美洲及欧洲少数发达国家虽然还是资本流入较活跃地区,但却不再有之前的独领风骚之势,资本流入的重心在2009年底全球经济基本恢复后开始向南美洲、亚洲及非洲经济发展基础良好的新兴经济体和发展中国家转移,这也预示着全球金融系统乃至经济系统将在未来演化过程中发生结构性变化,世界经济多元化发展将有利于全球总体经济水平的提升。

## (二)全球外国直接投资发展形势

2012年7月初,联合国贸易和发展会议在《2012年世界投资报告》中指出，尽管2011年世界经济仍然存在动荡，但全球外国直接投资流量已然达到1.5万亿美元，超过了金融危机前2005~2007年的平均值，去年同比增长16%，意味着从长期看，全球外国直接投资将保持强劲的增长态势。

1. 各经济体流入量大幅增长

2011年，全球各主要经济体的外国直接投资流入量都有所增长。其中，发达经济体的流入总量为7480亿美元，增长率达21%；发展中经济体流入总量达到历史峰值6840亿美元，增长11%；转型经济体流入量达920亿美元，增长25%。而且，发展中经济体和转型经济体在全球外国直接投资总额中所占比重分别达45%和6%，总比重超过50%。

东亚和东南亚地区的外国直接投资流入强劲增长，比上年增长14%，达到3360亿美元，占全球流入总量的比重从危机前的12%提高到22%。流入东盟的外资额达到1170亿美元，增长26%，远高于东亚的增长速度。流入拉美和加勒比海地区的外资额达到2170亿美元，增长16%，其中，最大东道国巴西的流入量达到667亿美元。该地区部分国家通过提高关税等产业政策鼓励本地生产，影响了跨国公司的生产选址，导致了所谓"壁垒跳跃"型的外资流入。非洲和最不发达国家流入量虽然已连续3年下降，但非洲的投资前景良好。2011年，撒哈拉以南非洲的外资流入有所复苏，达到370亿美元，接近历史峰值。

2. 跨国并购是直接推动力

报告指出，2011年，全球外国直接投资流量的增长主要受到跨国并购的推动。交易值在30亿美元以上的巨额并购交易数量从2010年的44宗增加到了62宗，刺激跨国并购价值达到5260亿美元，增长了53%。同时，连续2年呈下滑趋势的跨国公司在国外投资新建企业（即绿地投资）资本规模稳定在约9000亿美元水平。

2011年，流入服务业和基础产业的外国直接投资在下滑2年后止跌回升。其中，流入服务业的外资增长主要体现在公用事业、交通和电信行业，在高企的大宗商品价格和行业重组的推动下，基础产业的外资流入也已经超过2000亿美元。

3. 跨国公司"过度"现金储备是潜在推动力

报告指出，跨国公司生产虽然进一步扩张，但以企业现金储备进行投资方面尚未展开。2011年，跨国公司的外国分支机构在世界范围内雇用的员工总数约6900万人，创造销售额28万亿美元，附加值为7万亿美元，比2010年高出9%，因此，跨国公司的现金储备创历史新高，约4万亿~5万亿美元。国际金融危机期间，各国跨国公司通过削减生产性资产和并购（尤其是国外并购）的资本开支积累现金，其中，全球最大的100家跨国公司的数据显示，它们在2011年的现金储备达到1万亿美元，高于危机前水平。尽管这些公司在生产性资产和并购方面的资本开支有所增加，但是其持有的额外现金储备并没有完全调动起来。报告预计，这种"过度"现金储备可能成为未来外国直接投资额大幅飙升的潜在推动力。

数据显示，2011年，发达国家对外直接投资升至1.24万亿美元，增长率达25%，北美、欧盟和日本三大阵营仍然起着主导作用。其中，美国增长的主要推动因素是跨国公司海外现金储备的增加；欧盟的增长原因主要是跨国并购；日本增长的原因在于，日元升值增强了日本跨国公司购买力，故而使得日本在北美的并购交易净额上升，对外直接投资总额翻了一番。

2011年中国对外直接投资特点为增长势头强劲，并购领域比较集中，利润再投资有小幅增长，对主要经济体，尤其是发展中国家的投资快速增长。商务部、国家统计局、国家外汇管理局联合发布的《2011年度中国对外直接投资统计公报》公布中国2011年对外直接投资净额为746.5亿美元，同比增长8.5%，刷新年度投资流量纪录，居全球第六位。截至2011年底，中国总计有1.35万家境内投资者在境外设立外资企业达1.8万家，分布于全球177个国家和地区，年末境外企业资产总额近2万亿美元。

### （三）全球经济、金融发展前景

尽管目前已进入后金融危机阶段，但作为多年以来虚拟经济脱离实体经济过度膨胀和金融系统风险不断积累的结果，金融危机对世界经济的影响仍兼具机遇性与挑战性，世界经济发展前景将取决于各国对经济、金融形势的准确研判和对各项金融政策工具的理性运用，金融市场全球化趋势必将随着经济全球化的推进而推动全球金融大系统逐步建立与演变，大致表现在以下五个方面：

第一，全球通货膨胀风险将持续一段时期。金融危机在短期内会引发流动性短缺与金融机构的惜贷，虽然理论上有可能引发通货紧缩，但为了避免经济落入流动性陷阱，各国纷纷应用各种金融政策工具，加大了通货膨胀的风险。这些政策通常包括：连续降息，如美国联邦基金利率已经降到0.25%，仍有较大的降息空间，甚至不排除降到零的可能；中央银行通过金融市场注入大量资金，缓解流动性短缺；政府发行债务，提高财政赤字，救助金融机构等。全球性通货膨胀已经显现，一旦金融市场趋于稳定，货币流动性泛滥又会卷土重来，为下一轮金融危机爆发埋下"祸根"。

第二，经济全球化进程将进入阶段性调整。国际金融危机对经济全球化的负面影响将是多重的、长期的。一是全球贸易增速会放慢，各国贸易保护主义倾向会加强，多边贸易谈判难度加大；二是发达国家金融业发展速度放慢也会短期削弱国际资本流动的总量和速度；三是发展中国家开放金融市场的态度会更加谨慎，各国金融监管会加强；四是美元的世界货币地位已经动摇，国际金融体系需要改革，在新的体系建立之前，各国会存在利益博弈，分歧会持续一段时期，在此期间，国际金融规则约束力会有所削弱。因此，经济全球化将会在未来一定时期内趋于平缓，于曲折中调整、发展。

第三，新兴经济体将发展壮大，占据更大的全球市场份额。2008年金融危机加速了资源类商品泡沫的崩溃，新兴经济体在科技发展空间、制度创新空间和人力资源发展空间方面都有较大潜力，在美国、欧盟疲态尽现的后危机阶段，已经发挥出显著的市场优势。因而，新兴经济体在国际经济格局中的地位与作用必将逐步提高。作为新兴经济体代表之一的中国，虽然由于外贸依存度较大，危机在短期内对中国经济增长的冲击是显见的，但是中国之前积累了大量的盈余，金融自由化程度低，特别是在后危机阶段，中国经济触底后将会逐步上升，随着全球经济的复苏而步入新一轮的增长期。

第四，美国及其他发达国家的负债消费模式将会改变。多年来，美国的高负债消费模式主要源于低利率，金融市场的放松管制使得金融风险被严重低估，人们的消费意识被误导，风险分散化被误以为是风险的消除，这种集聚的风险伴随次贷危机而全面释放。目前，各国政府都已经充分意识到加强金融监管的重要性，实施必要的监管可以将金融风险定价维持在正常水平，使融资成本提高；此外，居民、企业以及金融机构的资产负债结构要恢复到正常水平，非一朝一夕之事。这些都将推动负债消费模式的调整，减少消费而增加储蓄，从而对相依存的出口导向型经济体产生重大冲击。

第五，低碳经济或将成为下一轮经济周期繁荣的经济增长点。此次危机对金融业的冲击巨大，从融资模式到资产负债结构，从金融工具到风险定价，从管理体制到组织结构等方面，金融机构都将面临调整，金融业难以在短期内成为拉动经济进入新一轮繁荣周期的基础产业，而发达经济体现有的大多数产业已经完成了全球范围的布局。在这种条件下，为下一轮经济繁荣周期寻找新的核心产业，将是未来各国经济发展战略的首要任务，以开发、应用清洁、环保型能源为核心的低碳经济产业可担此任。

## 三、后金融危机时代的系统演化风险

在第六章的分析中已经得知，此次金融危机在各国积极应对政策下，大部分国家于2010年完成了经济复苏，尽管恢复程度不同，但大致都已经达到或者接近危机前水平，人们开始频繁使用"后金融危机时代"这个词，以标志此轮危机的结束，迎接新一轮经济繁荣周期的到来。但是，实际上，随着金融市场全球化，全球大金融系统建立的自组织变迁，金融资本的逐利、贪婪的本性日渐暴露，虚拟经济超越实体经济的过度膨胀，各国在应对此轮金融危机中使用的政府"信用"的扩张，这些因素都将继续在后金融危机时代的系统演化过程中积累金融风险,影响未来的演化趋势。

## (一)欧洲主权债务危机加剧

由于共同货币区内生的制度缺陷、欧洲共同体内部复杂的金融关系以及政治关系等因素,欧洲主权债务危机并非完全是美国次贷危机的余震,它对世界经济的冲击不仅可能会中期化,而且可能会由于个别国家(如希腊)债务的恶化而引发新的金融动荡,阻碍世界经济复苏。欧洲主权债务危机的恶化是当前世界经济面临的最大挑战,它不仅可能会带来世界金融系统结构的改变,甚至会改变世界经济复苏的路径。

欧洲主权债务危机虽然波及幅度不如 2008 年美国金融危机那么大,但欧元区特殊的金融模式、政治治理结构、法律构架以及内在缺陷等,都决定了其复杂程度远甚于美国金融危机,其冲击力和持续性也不可小觑。欧洲主权债务危机不仅是各国债务积累以及"欧洲福利病"的集中爆发,更为重要的是,它是共同货币区制度框架内在缺陷的必然产物。成员国无法通过货币发行进行财政赤字调整,无法通过汇率政策调整贸易条件,同时,共同区的货币当局也无法通过财政转移来平衡各成员国的利益,这些内在制度缺陷成了本轮全球主权债务问题的导火索。欧洲共同体各国政府的债务问题不是一个时点的问题,而是会随着经济复苏的加速、金融动荡的持续而进一步强化或者恶化的问题,持续的时间很可能比预期的要长,政府和银行未来的融资规模也可能比预想的要更庞大。

## (二)通货膨胀常态化

大宗商品价格在美元指数波动、实体经济需求回落、欧洲主权债务危机、国际资本流动格局逆转等因素的作用下出现高位波动，同时全球通货膨胀持续上扬，这种以成本推动为特征的通货膨胀将成为未来经济复苏的一个障碍。世界经济正在步入"无创新的复苏阶段"，经济复苏所需要的时间通常要更长。实际上，本轮经济危机也可以看作是由信息技术革命所引发的长周期波动的产物，因此，可以说世界经济目前步入了技术进步的下行期，全球经济告别了"低成本与低通胀"的"大缓和"时期，开始步入"高成本、通货膨胀常态化"的时期。

导致这种现象出现的核心原因有三个：一是技术水平加速期已过，技术进步已全面放缓；二是中国和印度等劳动力密集国家的全球经济一体化红利也开始步入衰竭期，低端劳动力成本开始大幅上涨，劳动生产效率的提升难以抵消工资成本的上涨；三是各种生产材料由于供求关系以及货币供应量加大等因素，也开始步入价格上升通道。

### （三）货币政策应用空间压缩

由于全球金融风险的上扬，引致国际资本市场波动较大，为防止产生流动性问题，世界主要国家都采取了持续宽松的货币政策，货币投放总量和利率水平都达到历史最宽松水平，货币政策的进一步调整空间被大幅压缩。由于2007~2009年的美国次贷危机带来的金融震荡，发达国家货币供应量已达近10年的新高；利率水平也处于10年的新低，很多国家的短期名义利率都降至0~1的最低水平，实际利率已经处于负利率区间。因此，货币政策的调整空间基本到了极限。如果后金融危机时代再次爆发金融问题，货币政策在数量和价格方面将难以有所作为。

### (四) 政府债务危机与国债市场动荡中期化

世界经济正步入"政府债务危机与国债市场动荡中期化"时期。欧洲主权债务危机是一个在中期持续的状态，欧洲主权债务问题的扩大和债务可持续性带来的金融动荡，至少两三年内难以平息，在本质上也标志着全球政府债务问题步入新阶段。政府债务超越警戒线的国家并非只有南欧五国，大部分发达国家、发展中国家在本轮危机救助之中都面临财政状况恶化的问题。

在发达国家，债务率达到了自"二战"结束以来的最高水平，2010~2015年债务率持续攀升，2010年已达100%，2015年上升到108%，例如，美国和日本的债务率分别达到92%和220%。这种高债务率已导致大部分发达国家的主权债务评级降级，使得融资成本大幅度上扬，进而引发区域性主权债务危机。这些变化促使发达国家必须进行全面的财政改革，加大财政紧缩的力度，也可能导致发达国家出现政治动荡或社会骚乱。

此种债务持续本质上既是政府信用扩张的产物，也是世界经济结构性调整的产物，综合显现了过去30多年里流行的三大危机模式：美国的"过度消费与金融化"模式、中国的"过度投资与过度储蓄"模式、欧洲的"从摇篮到坟墓"的过度福利化模式，这些危机模式无一不会导致政府债务问题。

### (五) 全球高失业率持续期较长

世界经济开始步入"无就业的复苏"阶段，全球高失业率将持续较长的一段时期。2012年，全球失业率已创出近30年的新高，例如，美国和欧元区失业率都达到近10年的历史峰值10%，日本则保持在5%以上。就业市场的疲弱表明，各国经济复苏是从低谷中恢复性反弹的模式,并非就业的实质性增长,即处于"无就业复苏"的阶段。这种状态对消费者信心影响很大,而且不会是危机期间的短暂现象,相反,由于目前世界经济以资本密集、技术密集为主体模式增长,所以产业就业弹性很低,从而导致世界经济缓慢复苏过程中失业率居高不下。按照IMF的测算,2009年的危机深化期中,世界失业率达到了高峰,且将会持续五至七年才能恢复至危机前水平。更令人担忧的是,年轻人失业率将在本轮失业浪潮中大幅提升,意味着由此引发的经济下滑可能会比一般失业引起的下滑更加持久、深远。

### (六)收入分配恶化风险加剧

由于金融全球化的深度发展,失业率的持续期加长,世界经济将步入"收入分配恶化的时期"。全球基尼系数自2000年以来持续恶化,如美国、德国、英国及意大利21世纪初期的基尼系数比20世纪70年代中期分别提高了0.06、0.06、0.05和0.04,这种现象在发展中国家表现得更为突出,例如,中国的基尼系数已从20世纪80年代的0.33上升到0.48,南美洲的平均基尼系数达到了0.55。由于20世纪90年代至今的收入分配差异扩大的内在机制没有变化,再加上目前失业率加剧、政府转移支付能力的弱化,以及传统福利体系危机等因素,收入差距扩大的趋势将会在一段较长时期内延续。

## 四、中国的预警与防范建议

后金融危机时代,经济全球化浪潮的步伐不会停息,经济复苏速度趋缓，在经历了金融危机传染期、金融市场调整期和全球贸易萎缩期后，全球经济会经历一段低潮期，全球金融系统也在向着更高一级有序状态自组织演化，系统结构和作用机制正在发生改变，在真正的经济繁荣期到来之前，系统仍然处于不稳定状态，系统风险仍然不容忽视。

### （一）宏观经济现状管窥

中国作为新兴经济体的代表之一，虽然没有像东南亚危机期间那样置身于外，也被卷入此次金融海啸，但是，危机过后的快速复苏和经济面的基本良好，仍然令许多发达国家和发展中国家刮目相看。

表 7-1 给出了中国 2005~2011 年宏观经济变量（节选）相关数据。

**表 7-1　中国 2005~2011 年宏观经济变量（节选）数据**

| 年份 | GDP（亿元） | 最终消费率（%） | CPI环比（%） | 固定资本总额（亿元） | 存货增加（亿元） | 货物与服务净出口（亿元） | $M_1$（亿元） | $M_2$（亿元） | 财政赤字占GDP比重（%） | 对外投资（亿美元） | 外国在华直接投资（亿美元） |
|---|---|---|---|---|---|---|---|---|---|---|---|
| 2005 | 184940 | 52.9 | 101.8 | 74230 | 3620 | 10220 | 107279 | 298756 | -1.2 | 122.6 | 603.25 |
| 2006 | 216310 | 50.7 | 101.5 | 87950 | 5000 | 16650 | 126035 | 345604 | -0.7 | 176.3 | 630.21 |
| 2007 | 265810 | 49.5 | 104.8 | 103950 | 6990 | 23380 | 152560 | 403442 | 0.7 | 265.1 | 747.68 |
| 2008 | 314050 | 48.4 | 105.9 | 128080 | 10240 | 24230 | 166217 | 475167 | -0.1 | 559.1 | 923.95 |
| 2009 | 340900 | 48.2 | 99.3 | 156680 | 7780 | 15030 | 220002 | 606225 | -2.8 | 565.3 | 900.33 |
| 2010 | 401510 | 48.1 | 103.3 | 183620 | 9990 | 15710 | 266622 | 725852 | -2.5 | 688.1 | 1057.35 |
| 2011 | 471560 | 48.2 | 105.4 | 215200 | 13910 | 12200 | 289848 | 851591 | -2.0 | 746.5 | 1240.00 |
| $\bar{\Delta}$ | 47770 | — | — | 23495 | 1715 | 330 | 30428 | 92139 | — | 104.0 | 106.1 |
| $\bar{D}$（%） | 17 | — | 3.3 | 19 | 25 | 3 | 18 | 19 | — | 35 | 13 |

注：平均增长量：$\bar{\Delta}=(a_{2011}-a_{2005})\div 6$（亿元/亿美元）；平均增长速度：$\bar{D}=(\sqrt[6]{a_{2011}/a_{2005}}-1)\times 100$。
资料来源：参见《金砖国家联合统计手册 2012》。

表 7-1 中，按现价计算的 GDP 的平均增长量为 47770 亿元，平均增长速度达 17%；$M_1$、$M_2$ 和固定资本总额的平均增速都接近 20%；国内对外投资增速惊人，平均增速高达 35%，其中，2008 年的同比增速达 111%，创历史高峰值；存货增加值的平均增速也很高，达 25%，其中，2009 年危机深化期的同比下调 24%，其他年份平均增速都接近 40%。财政赤字占 GDP 比重也在 2009 年创出 -2.8% 的纪录，2011 年仍然保持了 -2%，而危机前三年基本维持在 ±1% 左右。如前所述，一系列金融危机应对政策出台后，经济会面临通货膨胀问题，就表中数据而言，中国的通货膨胀较为明显，但仍然称得上温和型增长。

相比之下，外国在华直接投资增速比危机前略减，2011 年同比增速为 17%；货物与服务净出口在 2006 年、2007 年的同比增速分别为 63% 和 40%，2009 年降为 -38%，2011 年净出口总量与危机前的 2007 年相比，降低了 48%，是此次危机中受到负面冲击最严重的指标。作为消费来讲，最终消费率略呈下降态势，与危机前水平相差不大，说明国内消费状况基本稳定，既未受到金融危机的负面冲击，也没有因为货币供应量剧增和通货膨胀因素而大幅波动。

总体上，中国 2012 年的宏观经济形势稳中有升，而且，实际上，中国经济对世界经济局势稳定起到了非常重要的作用，经济大国的地位日益彰显。在后金融危机时代，中国应当肩负起时代所赋予的重要历史使命，将经济、金融稳定置于首位，对各种金融风险加强预警与防范。

### （二）加强金融监管

此次由金融衍生工具过度应用导致的金融危机，引发了更多关于金融创新和金融监管协同的审慎思考。金融创新和金融监管协同，实现创新和监管之间的平衡，是后金融危机时代各国共同面临的课题。

从本质上而言，金融创新和金融监管是对立的统一体，是竞争与协同的关系，尽管本次金融危机由过度金融创新而引发，但这并不代表危机爆发或经济衰退将宣告金融自由化政策的终结，也不会就此不再采用虚拟经济的杠杆，即金融衍生品工具。所以，建立有效的金融监管体系对衍生品市场进行有效监控，才是解决问题的根本途径。对中国资本市场而言，如何加强金融监管，实现创新和监管的平衡，可以参考以下几个方面：

1. 对金融创新实行协同监管

由于金融产品创新往往横跨多个领域、多个部门，因此，对金融创新业务的监管必须实现跨产品、跨部门的综合协同监管；对金融创新风险的监管必须把握金融杠杆率在效率和风险之间的平衡；对金融产品创新与信息披露的监管，重在揭示金融产品的价格与风险，并且将信息披露与反欺诈条款相联结，坚持谁申请、谁负责的原则；加强金融创新领域的立法工作，使金融创新的审核符合法律与社会公共利益的原则，监管部门须充分兼顾立法宗旨与社会公共利益相结合的立法准则。

2. 完善宏观审慎和微观审慎监管体系

加强微观审慎和宏观审慎监管协调，对金融系统性风险进行控制，已成为后金融危机时期监管当局的共识。宏观审慎的基础是微观审慎，微观审慎的重点在于关注个体金融机构的安全与稳定，而宏观审慎视角则更关注整个金融系统的稳定。实施"逆周期"的宏观审慎监管有必要考虑微观和宏观审慎的动态平衡，要实现这种动态平衡，则必须进一步完善具有前瞻性、动态性和科学有效性的监管体系，根据经济周期不同阶段特性对金融机构的金融创新和产品开发进行监控，实现逆向风险调节和系统性风险控制。

3. 完善信息披露制度和信用评级体制

本次金融危机生成的根源，在很大程度上是金融发展和金融创新的信息不对称问题进一步恶化招致的金融体系系统性风险，因此，信息披露制度的完善和市场透明度建设是金融创新监管的重要环节。金融创新型产品，尤其是金融衍生品的结构复杂性和非标准化特性，极大增加了投资者对金融产品的风险认知难度。要求金融创新工具开发机构充分披露其产品交易结构与基础资产状况，揭示复杂金融产品结构背后的风险关联因素及分析程度，对保护投资者的权益、维护金融市场的稳定运行具有重要意义。

金融创新的发展依赖于监管体制的完善，大力加强我国信用评级体系建设，完善市场监管是实现金融创新和金融监管协同的关键。我国本土评级机构尚未建立权威性和形成足够的影响力，缺乏违约数据的积累和明确的评级等级含义。同时，我国评级行业缺乏统一的准入标准和方式，监管缺乏透明度，部分领域甚至存在监管空白，导致预评级、级别竞争、费用竞争等不正当竞争现象的产生。因此，中国有必要在后金融危机时代尽快完善有关信用评级的法律法规体系，强化对信用评级公司的监管力度，提高信用评级的质量与准确性。

## （三）加强经济调控

2012年后的一段时期，是中国经济复苏趋缓的阶段，"外部经济的放缓与动荡"、"房地产市场的逆转"、"金融风险与金融扭曲的凸显"等因素是中国经济趋缓的作用力量。因此,这一阶段的工作应当"控通胀"与"稳增长"兼顾、"控风险"与"纠扭曲"并行。

1."内需补外需、投资补消费"的结构性调整

由于中国经济增长与就业增长之间存在不对称关系,应当高度重视跌破9%的GDP增速放缓。鉴于目前中国经济结构性问题,以及2008~2010年大规模经济刺激计划的后遗症等因素,近期不宜再出台新的简单化、重复性大规模刺激计划。但对于外需下滑幅度较大、消费疲软的现状,应当适时启动"内需补外需、投资补消费"的政策,在适度调整投资结构的基础上,将"稳投资"作为工作的核心。因此,投资既不能回调太快,也不能扩张太快。其中,房地产投资监控很重要,稳定保障性住房建设投资依然是重点。在商品房投资增速过快情况遭到遏制以后,可以率先松动房地产开发投资的贷款,防止商品房投资增速过快下滑,具有稳增长的战略价值,促进房地产的供给和房地产市场的正常化。

政府主导的结构调整定位具有局限性,市场主导的调整应当成为结构调整的主流,必须通过改变需求结构来改变供给结构。立足扩大内需,转变经济发展方式,特别是消费需求推动经济增长,是当前世界金融危机转化期中国实现"稳增长"的最有效途径。从国际上看,发达国家经济增长主要由消费拉动,扩大内需替代不但可以缓解当前外需萎缩状况,而且有利于中国经济的长期平稳增长。要加快完善社会保障体系,消除居民社会保障方面的后顾之忧,使居民敢于消费;加快收入分配制度改革的推进,应当提高居民收入在国民收入分配中的比重,并且提高劳动报酬在初次分配中的比重,才能提升居民消费能

力。同时需要加大政府公共产品支出力度，扩大转移支付，从而使中国经济增长转向消费与投资、内需与外需协调拉动的轨道。

2. 防范金融扭曲和资源错配风险

政府应当有针对性地对世界流行的"中国崩溃论""中国次贷危机论"等言论进行系统、科学的批驳，以稳定社会舆论。重要措施之一是调整对地方投融资平台的治理，注重地方债务的流动性管理，帮助部分区域解决近期的还贷高峰期所面临的流动性问题，防止地方债务违约带来的社会和经济动荡。重要措施之二是要高度重视各种"影子银行"的形成根源，持续进行"去泡沫化"，避免政策松动带来泡沫经济的报复性反弹。这需要加大利率管制，扩大利率浮动的范围，缩小各种监管套利的利差空间；同时加强各种"影子银行"和银行表外业务的监管。重要措施之三是扩大金融市场和服务方式的拓展，发展多元化金融中介形式，以促进银行之间的健康竞争。

3. 加强对国际游资的监测和防范

在经济金融日益全球化的今天，随着美国次贷危机在世界范围的转化，系统性金融风险持续蔓延，各国宽松的货币政策使得大量国际游资在系统内流动，对危机传播起了推波助澜的作用。在后金融危机时代，中国要高度关注世界经济复苏的步伐，重点监控欧洲主权债务危机的发展，提前防御其深化所可能导致的震荡，必须重点监控国际资本流动的变异。

对于中美汇率冲突的加剧，中国政府应当有应对预案。一是要对欧债危机深化带来的汇率调整、国际资本异动以及中国热钱外流给予前瞻性关注；二是要关注美国大选后的外交政策变化，关注中美汇率冲突；三是要高度重视近期外需结构的重大变化，特别是贸易顺差来源的结构性变化，对于未来可能发生的贸易顺差的快速消失现象，给予战略性重视和防范。

中国要加强危机预警机制建设，尤其要加强对跨境资金流动的监测，要同时加强对资金跨境流入与跨境流出的双向监测。另外，还要加强跨境资金监测的国际合作，加强对国际游资的监测和防范力度，共同抵御金融风险，以加大对国际资本异常流动的打击力度。在危机爆发前，一国经济金融形势会发生某些显著变化，应完善各经济管理部门的金融管理监测机制，及早发现潜在的风险。

4. 控制通货膨胀风险

我国货币政策效应主要体现为对经济增长的促进，对货币需求和物价水平而言，经济系统的抑制作用显著缺乏。我国中央银行实施的一系列应对国际金融危机的宽松货币政策，虽然有效地推动了 GDP 的止跌回升，但也产生了通货膨胀，助长了房地产市场价格的高涨。因此，在后金融危机时代，应当逐步调整货币政策，控制通货膨胀的风险，防范股票市场和房地产市场泡沫。

一方面，根据经济和金融形式的变化，灵活运用多种货币政策工具，保持合理充裕的银行体系流动性，引导货币信贷的适度增长；另一方面，应当优化信贷结构，杜绝信贷资金投机于股票或房地产市场，防止流动性过剩，控制通货膨胀预期。

此外，中国政府应当进一步加强货币政策和财政政策在操作层面的协调配合，防止两种政策的作用方向不一致，或者风险过度集中于一方，以避免财政风险捆绑金融风险，导致通货膨胀加剧。

5. 促进新一轮技术创新

金融危机的深层根源在于产业危机，虚拟经济泡沫破裂的症结在于实体经济发展的衰退，过剩的金融资本在旧有生产技术的衰退下，势必重新冲击各传统部门的经济而导致流动性泛滥。技术创新是金融创新之基础，实体经济是虚拟经济之根本，通过强力的技术创新激励措施和新制度体系来促进实体经济的提振，是一条实现金融和经济复兴的有效路径。

金融的本质是过剩，如果将这看作金融的"原罪"，那么，周期性的经济波动就是对这种过剩状态的"自然惩罚"。如何使这部分过剩的货币资本得到稀释而不是泛滥，技术进步、技术创新和革命就是一个行之有效的"泄洪渠道"。通常情况下，技术创新动力不足、潜力衰减之时，也是金融资本暗潮涌动、继而肆虐之时。最终使得金融危机转化直至消退，还是需要经济系统结构的改进，挽救经济倾颓之势的出路，归根结底需要新一轮的技术创新，为金融资本找到新的归宿。

## 五、本章小结

如果世界各国对2008年金融危机采取不作为、"让市场去工作"的应对措施，本轮金融危机至少要持续十年之久。但这次复苏是大量依靠"体外输液"或"注射强心针"等特殊手段，使世界经济从崩溃边缘中起死回生。后金融危机时代，随着金融市场全球化，全球大金融系统将处于自组织变迁过程之中。金融资本逐利、贪婪的本性，会继续促成虚拟经济超越实体经济的过度膨胀。各国在应对此轮危机中的政府"信用"的扩张，高通货膨胀的持续，全球高失业率和收入差距扩大，以及金融危机"传染"渠道的变化等，都将继续在后金融危机时代的系统演化过程中积累金融风险。

全球经济、金融系统的演化趋势是资本的进一步扩张,既是总量的扩张,也是地域的扩张,随之而来的是产业的国际化扩张、商品生产和流动的扩张、人力资源开发和原材料、能源的扩张,上升到政治层面,就是社会制度、社会形态与意识的扩张。中国能否在此次金融海啸中转"危"为"机",成为时代的"弄潮儿",引领世界经济和谐稳定发展,还面临着巨大的压力与挑战。

# 第八章　结　语

基于复杂系统与系统复杂性理论背景，本书从系统的角度定义"金融"和"金融系统边界"，揭示了金融系统风险的演化机制，论述了金融危机在演化过程中的必然性，详细介绍了金融危机的演变历程，对金融危机生成的系统复杂性进行例证分析，深入揭示了金融危机的演变特性，进而解析了金融风险以及危机的系统演化机制。

## 一、主要结论

通过对金融危机全面、系统的定性与定量分析，得出如下主要结论：

第一，货币与信用是金融系统的最基础的元素。金融系统演化的最明显特征是货币与信用的演化，而货币又是其自身与信用演化的集中反映，因此，经济、金融危机的产生是国际货币体系变迁的必然产物。如果将一个国家的经济看作一个系统，那么，金融系统就是经济系统的子系统，经济系统则成为金融系统的环境。金融系统是开放系统，必定向经济系统开放，这种开放所特有的本质——信用，既是金融系统所有元素之间关系和行为的基本机制，也是造成金融系统复杂性的重要原因。

第二，金融系统具有开放性，不断地与外界进行着物质、能量、信息的交流，使其成为非平衡、非有序的耗散系统。具有适应性的耗散系统是金融系统产生复杂性的根源，因为耗散而使系统产生吸引、分岔、突变、混沌等复杂的系统动态行为。

第三，从系统复杂性角度，金融危机的生成是金融风险形成、积累和释放的过程，是金融、经济系统非均衡性从量变到质变的因果累积演变过程，是金融系统演化过程中内部和外部诸因素综合作用所产生的系统复杂性的演变过程。金融危机的爆发可以理解为是金融系统在自组织演变过程中受到外部"涨落"的触发，由自组织临界状态发生系统突变的表征，是系统演化发生改变的转折点。金融危机是全球金融系统演化过程中的必然事件，是系统演化的必然性与偶然性的综合作用结果，是金融风险集聚到一定程度使系统处于失稳点时，金融系统在演化方式、演化方向和演化速度等方面产生的偶然性调整与转变，而且这种转变不可绝对重复也不可绝对还原，是一个不可逆过程。

第四，通过对美国 S&P 500 指数日收盘价对数序列拟合的长期曲线趋势的分析可以得知，其残差序列具有 3 阶 ARCH 效应，说明原序列存在显著异方差性；通过进一步建立对数序列的 AR（1）-GARCH（1，1）模型，说明原序列走势存在波动叠加的非线性特征。S&P 500 对数收益率序列的概率密度函数曲线表现出显著的尖峰厚尾特征，与多数金融数列分布特征相似，验证了分形市场假说，说明美国股票市场运行并非有效市场，而是存在信息不对称效应，从长期来看，导致了有偏的随机游动（Random Walk）收益分布，反映出美国金融系统内部的复杂系统非线性特征。

第五，在美国金融系统自组织临界性分析中，首先发现自1997年起，已经开始具备自组织的三个条件，成为一个耗散系统的结论。之后，在 S&P 500 对数收益序列三个时段数据的 BDS 统计量分形检验中，发现"危机前"时段分形特征不显著，也不具备长程相关性，说明在次贷危机爆发之前，美国金融系统运行处于自组织发展阶段。而"次贷危机"时段检验结果显示，在此期间的序列分形特征显著，具有长期记忆性，验证了美国金融系统已经进入自组织临界状态，系统演化具有高度敏感性，处于系统有序和混沌的边缘。

第六，"金融危机"时段的 BDS 检验显示，对数收益序列 2 维嵌入维数下分形显著，而 3~6 维分形不显著，不具有长程相关性，而且序列符合正态分布，说明此时段系统脱离了之前的自组织临界状态，发生了突变。进一步，根据自相关系数序列的概率分布和长期拖尾波动性质，验证了系统进入混沌状态，计算得出的关联维数为 0.743，说明在此期间最少可选取 3 个变量构成投影子空间，在拓扑等价意义下，于系统相空间中恢复原来的动力学系统特性。

第七，构建基于渐进调整的名义汇率与价格的小型开放经济系统模型得出结论：在只有部分外币负债的经济中，对于本国货币的投机性攻击的反应，来自货币当局国内利率的提升所产生的潜在反向生产力，是取决于总需求与利率变动弹性的。如果总投资的国内利率弹性是低的，危机导致经济在经历短期的轻微生产和就业过剩以及温和的国内通货膨胀之后，将返回到平衡点。总投资的利率弹性越高，货币崩溃后，经济所经历的不景气时期越长，经济在中期运行所收敛到的均衡实际汇率水平也越高。所以,在危机期间,降低利率的政策效应是显著的。

第八,货币危机系统动态性的实证分析结论:中国经济特别高的负债美元化程度,降低了投资总额对国内利率变动的弹性,且在货币危机期间,利率是货币当局一个重要的控制变量。人民币升值,使经济系统从"危机"稳态回到正常的稳定状态,并且降低了经济衰退的程度以及经济系统崩溃的风险。

第九,对中国政府2008年11月出台的4万亿人民币的金融救助进行政策效应分析得出的结论是:在短期内,由于中国的出口经济失去带动力,国内消费需求未有显著增加,大量救助资金流入了房地产业,使得房地产业成为经济复苏的助推器,使国内经济跃出了"流动性陷阱",货币政策短期内有效。根据2007年第三季度至2012年第二季度的8项中国资金来源、运用指标的指标值与相应的资金运用总量的比值时序图分析,显示我国经济在一年的时间就已基本恢复,没有对实体经济带来巨大实质性伤害,证明中国的金融救助政策短期效应良好,货币在短期内是非中性的。然而,从长期内来看,金融救助政策效果会减弱,即货币在长期内是中性的。

第十,金融危机的"传染"具有必然性,其主要渠道是产品市场和资本市场,主要的物质基础是宏微观经济变量,而主要的思想基础是投资者的心理预期。金融危机"传染"的发展趋势是时间上的瞬时性,空间上的地域邻近性,政治、经济形态相似性以及多方向、多渠道、正负反馈机制综合作用的网络交叉性等。后金融危机时代的系统演化风险主要体现在欧债危机的恶化、高通货膨胀的持续、货币政策应用空间压缩、政府债务危机与国债市场动荡中期化、全球高失业率持续期较长和收入分配恶化等方面。

第十一，在中国危机过后宏观经济形势稳中有升的态势下，中国对金融危机的预警与防范措施主要应把握两个方面。一是建立有效的金融监管体系，对中国资本市场进行有效监控，可以从对金融创新实行协同监管、完善宏观审慎与微观审慎监管体系和完善信息披露制度与信用评级体制三个方面着手。二是尽快实现"内需补外需、投资补消费"的结构性调整，重视防范金融扭曲与资源错配风险，以加强经济调控。

## 二、创新与不足

本书在论述的过程中，注重将系统理论中的系统复杂性原理与方法同金融危机的完整演化过程相结合，注重定性与定量的分析方法相结合，较为全面、系统地展开与完成论述，主要创新点体现在两个方面：

第一，研究视角的创新。在经济、金融全球化背景下，基于复杂系统及系统复杂性理论，对金融危机生成、深化和危机后期的整个过程进行分析，全面论述了其系统演化的特征与机制。

第二，构建系统模型的创新。根据修改后的蒙代尔—弗莱明—托宾模型，构建了一个需求驱动型产出和金融市场中基于工资、价格以及名义汇率逐步调整到非均衡状态前提下的小型开放经济系统模型，结合东南亚金融危机和美国次贷危机期间的利率、汇率等变量，对金融危机深化期的应对政策效应进行分析，并以中国为例，探讨了降低利率和金融救助两项政策的动态效应实证分析，得出了合理的结论。

存在的不足主要有两点：一是系统复杂性理论的数理应用

能力有限，建立系统模型后，难以在现有基础上充分和深入地对诸如自组织临界点的确认、突变模型的建立和混沌轨迹的全面刻画等复杂性，进一步开展数理分析与应用；二是金融、经济系统是复杂巨系统，实现对其全面而透彻的描述与控制，是研究所面临的最大难题。所以，本书主要以金融危机演化机制、特征和局部应对策略为研究重点，没有进行系统预测与控制。其他不足之处还有很多，比如，没有进行多个国家的危机应对策略与效应的比较等。

  随着金融全球化的进一步推进，金融系统崩溃风险暂时缓解，但是，各种金融风险仍然遵循积聚—释放—再积聚—再释放的螺旋式演进方式，只要现有全球金融体系基本制度不变，危机就仍然存在，今后的研究应当更注重新兴经济国家和与发达国家经济关联逐渐加强的发展中国家，注重新的理论与方法的引入，进一步对金融、经济系统内部层次与作用机制问题进行深入研究与认知。

# 参考文献

[1] Andreadis I., Serletis A. Evidence of a Random Multifractal Turbulent Structure in the Dow Jones Industrial Average [J]. Chaos Solitons and Fractals, 2002, 13 (6): 1309-1315.

[2] Goldfajn I., Valdes R. O. Capital Flows and the Twin Crises: The Role of Liquidity [R]. IMF Working Paper, 1997.

[3] Halsey T. C., Jensen M. H., Kadanoff L. P. Fractal Measures and Their Singularities: The Characteriza –tion of Strange Sets [J]. Physical Review A, 1986 (33): 1141-1150.

[4] Holland J. H. Hidden Order: How Adaptation Builds Complexity [M]. Massaohusetts: Addison-Wesley Publishing Company, 1995.

[5] Luna F., Perrone A. Agent-Based Methods in Economics and Finance: Simulations in Swarm [M]. Dordrecht: Kluwer Academic Publishers, 2001.

[6] Mandelbrot B. B. A Multifractal Walk Down Wall Street [J]. Scientific American, 1999, 280 (2): 70-73.

[7] Mantegna R. N., Stanley H. E. Modeling of Financial Data: Comparison of the Truncated Lévy Flight and the ARCH (1) and GARCH (1, 1) processes [J]. Physica A, 1998, 254 (1-2):

77-84.

[8] Modis T., Debecker A. Chaoslike States can be Expected Before and After Logistic Growth [J]. Technological Forecasting and Social Change, 1992, 41 (2): 111-120.

[9] Norgard M., et al. Neural Networks for Modelling and Control of Dynamic Systems [M]. London: Springer Press, 2000.

[10] 安辉. 现代金融危机生成机理与国际传导机制研究 [M]. 北京: 经济科学出版社, 2003.

[11] 巴曙松. 赤字财政—金融危机下的政策权衡 [EB/OL]. http://www.p5w.net/news/xwpl/200903/t2211389.htm, 2012-09.

[12] [美] 查理斯·P. 金德尔伯格. 经济过热、经济恐慌及经济崩溃: 金融危机史 (第三版) [M]. 朱隽, 等译. 北京: 北京大学出版社, 2000.

[13] 陈平. 文明分岔、经济混沌和演化经济动力学 [M]. 北京: 北京大学出版社, 2004.

[14] 陈学彬, 等. 当代金融危机的形成、扩散与防范机制研究 [M]. 上海: 上海财经大学出版社, 2001.

[15] 陈学彬. 宏观金融博弈分析 [M]. 上海: 上海财经大学出版社, 1998.

[16] 陈湛匀. 改变世界的网络经济 [M]. 上海: 上海人民出版社, 2000.

[17] 陈忠. 系统演化的趋极性原理 [J]. 科学技术与辩证法, 1995 (2): 9-13.

[18] 成思危. 复杂科学与管理·复杂性科学探索 [M]. 北京: 民主与建设出版社, 1999.

[19] 成思危. 复杂科学与管理 [J]. 中国科学院院刊, 1999

（3）：175-183.

［20］程超泽，华伟，等. 第四次浪潮：资本金融全球化［M］. 上海：上海人民出版社，1999.

［21］程卫国，等. MATLAB 5.3 应用指南［M］. 北京：人民邮电出版社，1999.

［22］迟福林. 世纪之交：中国的金融开放与金融安全［M］. 北京：外文出版社，1999.

［23］戴汝为. 21世纪组织管理途径的探讨［J］. 管理科学学报，1998（3）：1-6.

［24］丁晓峰，刘宝利. 金融危机的OGY混沌控制战略［J］. 自然辩证法研究，1999，15（5）：12-16.

［25］董小君. 金融风险预警机制研究［M］. 北京：经济管理出版社，2004.

［26］封北麟. 金融投资中介化、噪声交易与金融危机模型的微观建构［J］. 经济与管理，2006（6）：52-55.

［27］冯芸，吴冲锋. 全球大系统关联结构与金融波动的国际传播［J］. 预测，2002，21（2）：24-28.

［28］［法］弗郎索瓦，沙奈，等. 金融全球化［M］. 齐建华，胡振良，译. 北京：中央编译出版社，2001.

［29］格林斯潘. 计算机技术导致金融危机［EB/OL］. http：//www.163.com/tech/article/4P260MF3000915BD.html，2008-10.

［30］葛新权. 泡沫经济理论与模型研究［M］. 北京：经济科学出版社，2005.

［31］郭菊娥，等. 我国应对美国金融危机的货币政策实施效果评价［J］. 西安交通大学学报（社会科学版），2009，29（6）：1-4.

[32] 郝柏林. 复杂性的刻画与"复杂性科学"[J]. 科学, 1999（3）：3-8.

[33] 胡雪明, 宋学锋. 深沪股票市场的多重分形分析[J]. 数量经济技术经济研究, 2003（8）：124-127.

[34] 黄金老. 金融自由化与金融脆弱性[M]. 北京：中国城市出版社, 2001.

[35] 黄润生, 黄浩. 混沌及其应用（第二版）[M]. 武汉：武汉大学出版社, 2005.

[36] 金洪飞. 关于货币危机传染文献综述[J]. 经济学动态, 2001（7）：61-66.

[37] [英] 拉尔夫·D. 斯泰西. 组织中的复杂性与创造性[M]. 宋学峰, 曹庆仁, 译. 成都：四川人民出版社, 2000.

[38] 李方文. 金融时间序列动态系统的混沌识别[J]. 成都大学学报（自然科学版）, 2004, 23（1）：29-33.

[39] 李扬. 危机促使我们重新思考金融改革[EB/OL]. http://news.ifeng.com/opinion/200810/1016_23_833351.shtml., 2008-10.

[40] [美] 理查德·H. 戴, 等. 混沌经济学[M]. 上海：上海译文出版社, 1992.

[41] 林晨辉. 危机时刻：200年来的经济大动荡[M]. 北京：中央文献出版社, 1998.

[42] 林毅夫. 国际金融危机："福兮, 祸之所伏"[EB/OL]. http://news.sohu.com/20081025/n260243962.shtml, 2008-10.

[43] 刘洪. 经济系统预测的混沌理论原理与方法[M]. 北京：科学出版社, 2003.

[44] 刘克. 国际金融市场间的金融传导[M]. 北京：经济

科学出版社，2002．

［45］刘立峰．宏观金融风险［M］．北京：中国发展出版社，2000．

［46］刘晓欣．虚拟经济与价值化积累：经济虚拟化的历史与逻辑［M］．天津：南开大学出版社，2005．

［47］［美］罗纳德·I．麦金农．经济发展中的货币与资本［M］．上海：上海三联书店，1988．

［48］［英］罗纳德·肖恩．动态经济学［M］．吴汉洪，等译．北京：中国人民大学出版社，2003．

［49］马军海．复杂非线性系统的重构技术［M］．天津：天津大学出版社，2005．

［50］梅可玉．论自组织临界性与复杂系统的演化行为［J］．系统辩证学学报，2004（4）：38-41．

［51］蒙代尔．蒙代尔经济学文集（第一卷）：古典国际贸易理论［M］．北京：中国金融出版社，2003．

［52］［英］米歇尔·D．迈克马斯特．智能优势：组织的复杂性［M］．王浣尘，等译．成都：四川人民出版社，2000．

［53］苗东升．系统科学精要［M］．北京：中国人民大学出版社，1998．

［54］莫易娴．金融危机模型的分析及启示［J］．统计与决策，2006（7）：120-123．

［55］［丹］帕·巴克．大自然如何工作——有关自组织临界性的科学［M］．李炜，蔡勖，译．武汉：华中师范大学出版社，2001．

［56］彭兴韵．金融危机管理中的货币政策操作——美联储的若干工具创新及货币政策的国际协调［J］．金融研究，2009

（4）：20-35.

［57］普拉萨德，等. 金融全球化对发展中国家的影响：实证研究结果［M］. 北京：中国金融出版社，2004.

［58］［比］普里戈金. 从存在到演化［M］. 曾庆宏，严士健，马本堃，等译. 北京：北京大学出版社，2007.

［59］钱学森，等. 一个科学新领域——开放的复杂巨系统及其方法论［J］. 自然杂志，1990（1）：3-10.

［60］钱学森，等. 再谈开放的复杂巨系统［J］. 模式识别与人工智能，1991（4）：1-4.

［61］沈丹英. 1997~1999年国际金融危机传播的空间计量经济学分析［D］. 上海：华东师范大学硕士学位论文，2007.

［62］史永东. 中国证券市场股票收益持久性的经验分析［J］. 世界经济，2000（11）：29-33.

［63］世经年终回顾与展望：前高后低，全球面临五风险［EB/OL］. http：//www.howbuy.com/news/928686.html.2021-10.

［64］宋学锋. 金融市场复杂性研究综述［A］.//中国科学技术学会. 管理科学与系统科学研究新进展［C］. 2001：293-304.

［65］宋学锋. 系统复杂性的度量方法［J］. 系统工程理论与实践，2002（1）：9-15.

［66］孙博文，等. 中国股市自组织临界性实证研究［J］. 复杂系统与复杂性科学，2005，2（4）：72-76.

［67］孙博文，孙名松. 基于沙堆模型的股市宏观行为研究［J］. 哈尔滨理工大学学报，2003（1）：105-106，110.

［68］唐衍伟，等. 中国农产品期货市场价格波动的长程相关性研究［J］. 系统工程，2005，23（12）：79-84.

［69］外汇理财周刊. 历史上降息对美元汇率的影响［EB/OL］.

http：//forex.jrj.com.cn/2007/09/000002689341.shtml，2011-08.

［70］汪涛.竞争的演进：从对抗的竞争到合作的竞争［M］.武汉：武汉大学出版社，2002.

［71］王春峰，康莉，王世彤.货币危机的传染：理论与模型［J］.国际金融研究，1999（1）：3-5.

［72］王燕.应用时间序列分析（第二版）［M］.北京：中国人民大学出版社，2008.

［73］王兆强.两大科学疑案序和熵：系统主从律［M］.广州：广东教育出版社，1995.

［74］王志伟.诺贝尔经济学奖获得者希克斯经济思想研究［M］.北京：北京大学出版社，1996.

［75］吴冲锋，宋军.金融复杂性［J］.系统工程，2002（4）：1-6.

［76］吴敬琏.美国金融海啸的性质是世界金融体系的危机［EB/OL］.http：//www.chinanews.com.cn/cj/gjcj/news/2008/11-03/1434350.shtml，2008-11.

［77］吴敬琏.微观措施比宏观政策更重要［EB/OL］.http：//finance.jrj.com.cn/people/2008/11/1807102792235.shtml，2008-11.

［78］吴彤.复杂性前沿探索Ⅱ：综述和展望——以2007《涌现》文献分析为例［J］.系统科学学报，2008，16（4）：1-8.

［79］吴彤.自组织方法论研究［M］.北京：清华大学出版社，2001.

［80］伍海华，李道叶，高锐.论证券市场的分形与混沌［J］.世界经济，2001（7）：32-37.

［81］伍海华，李道叶，高锐.论资本市场的分形结构：以青岛为例［J］.控制与决策，2002（1）：37-40.

[82] 伍海华，李道叶. 资本市场有效性假定理论述评 [J]. 东方论坛：青岛大学学报，2002（3）：91-96.

[83] 伍海华，张嗣瀛. 论复杂经济系统的相似性结构及其动态控制 [J]. 财经理论与实践，2003（1）：9-13，22.

[84] 伍海华，张嗣瀛. 论资本市场的复杂性及其发展方向 [J]. 青岛大学学报（工程技术版），2003（1）：11-20.

[85] 伍海华. 论证券市场的复杂性：以上海股票市场为例 [J]. 系统仿真学报，2002（11）：1486-1490.

[86] 向新民. 金融系统的脆弱性与稳定性研究 [M]. 北京：中国经济出版社，2005.

[87] 姚枝仲. 美国金融危机：性质、救助与未来 [J]. 世界经济与政治，2008（12）：28-34，4.

[88] 叶五一，缪柏其. 基于Copula变点检测的美国次级债金融危机传染分析 [J]. 中国管理科学，2009（3）：1-7.

[89] 易丹辉. 数据分析与Eviews应用 [M]. 北京：中国人民大学出版社，2008.

[90] 郁俊莉，王其文，韩文秀. 经济时间序列相空间重构与混沌特性判定研究 [J]. 武汉大学学报，2004，50（1）：33-37.

[91] 约翰·H.霍兰. 隐秩序 [M]. 陈禹，等译. 上海：上海科技教育出版社，2000.

[92] [英] 约翰·伊特维尔. 新帕尔格雷夫经济学大辞典 [M]. 北京：经济科学出版社，1996.

[93] 昝廷全. 系统经济学探索 [M]. 北京：科学出版社，2004.

[94] 曾国屏. 竞争和协同：系统发展的动力和源泉 [J]. 系统辩证学学报，1996（3）：7-11.

[95] 曾国屏. 论系统自组织演化过程 [J]. 系统辩证学学报, 1998 (1): 13-17, 26.

[96] 曾国屏. 自组织的自然观 [M]. 北京: 北京大学出版社, 1996.

[97] 张德贤, 陈中慧. 非线性动态经济学——分支与混沌 [M]. 青岛: 中国海洋大学出版社, 1995.

[98] 张华夏. 斑杂破碎的世界还是系统层次的世界——简评新经验主义和简述系统实在论 (一) [J]. 系统科学学报, 2013 (3): 1-7.

[99] 张礼卿. 金融自由化与金融稳定 [M]. 北京: 人民出版社, 2005.

[100] 张世英, 许启发, 周红. 金融时间序列分析 [M]. 北京: 清华大学出版社, 2008.

[101] 张嗣瀛. 复杂控制系统的对称性及相似性结构研究 [J]. 青岛大学学报 (工程技术版), 2001 (4): 1-4.

[102] 张嗣瀛. 复杂系统与复杂性科学简介 [J]. 青岛大学学报 (工程技术版), 2001 (4): 25-28.

[103] 张五常. 加大开放贸易应对金融危机 [EB/OL]. http://gd.sohu.com/20081114/n260642760.shtml, 2008-11.

[104] 张永东, 毕秋香. 中国股票市场多标度行为的实证分析 [J]. 预测, 2002, 21 (4): 56-59.

[105] 张志波, 齐中英. 基于全球经济大系统的金融危机传染机制研究 [J]. 商业研究, 2006 (13): 40-43.

[106] 赵晓菊. 信息不对称和金融风险的控制管理 [J]. 国际金融研究, 1999 (5): 58-62.

[107] 马克思恩格斯全集: 第 23 卷 [M]. 北京: 人民出版

社，1972.

［108］马克思恩格斯全集：第26卷Ⅱ［M］.北京：人民出版社，1973.

［109］中国证券报.无创新复苏难改全球经济格局［EB/OL］.http：//www.p5w.net/nwes/gjcj/201005/t2960879.htm，2010-05.

［110］钟伟.国际货币体系的百年变迁和远瞻［J］.国际金融研究，2001（4）：8-13.

［111］周登勇，戴汝为.适应性行为与仿真［J］.系统仿真学报，2000（6）：578-583.

［112］周菲.组织行为学［M］.北京：机械工业出版社，2007.

［113］周其仁.恶化收入分配是通胀唯一结果，须长期货币稳健［EB/OL］.http：//gubaf10.eastmoney.com/news，cjpl，42827261，d.html，2011-08.

［114］朱波，范方志.金融危机理论与模型综述［J］.世界经济研究，2005（6）：28-35.

# 后　记

　　"一带一路"倡议是顺应世界多极化、经济全球化、文化多样化、社会信息化的潮流，秉持开放的区域合作精神，致力于维护全球自由贸易体系和开放型世界经济的伟大倡议。共建"一带一路"，旨在促进经济要素有序自由流动、资源高效配置以及市场深度融合，推动沿线各国实现经济政策协调，开展更大范围、更高水平、更深层次的区域合作，打造开放、包容、均衡、普惠的区域经济合作架构，促进我国经济系统良性发展和演化。共建"一带一路"符合国际社会的根本利益，是国际合作以及全球治理新模式的积极探索，有利于本国及全球经济、金融系统的稳定，有利于防范系统风险，是具有系统观念、整体观念的政策驱动，将为世界和平发展增添新的正能量。

　　全球金融危机从经济基础和政府信用两个方面显现了以美元、欧元为主导的经济、金融体系的弊端和演化瓶颈，随着中国经济改革开放四十多年的快速发展，中国经济的稳定和体量给人民币国际化带来了机会。2016年10月1日，国际货币基金组织正式将人民币纳入特别提款权（Special Drawing Right, SDR）货币篮子。一种纸币能否胜任世界货币职能，决定于其发行国是否具有一个先进的银行体系。宏观金融调控能力的强弱决定金融系统的稳定程度，进而影响本币对外汇率和币值的稳定。货币国际化后，国际上各类经济、金融危机和动荡，都会对本国经济、金融领域造成外来冲击，发行国的宏观金融管理部门就必须能够迅速通过政策工具的运用以减小损失，这就需要中国人民银行向世界先进中央银行的目标迈进，具备强有力的宏观金融调控和监管能力，形成一个健全的金融体系。

虽然本书以美国次贷危机引发的金融危机为主要研究案例，是笔者在2012年底完成的博士论文基础上完善而成，但是后续这些年的全球经济系统演化的经历，证实了一个问题：中国经济战略符合系统理论的发展规律，而以欧美为首的资本主义制度下过度依赖货币、财政政策调控经济及金融系统运行的单一策略，以及其他社会问题积聚造成的制度缺陷，都在2020年的新冠肺炎疫情冲击下，暴露出这些国家难当重任。但是，也要预见到一个问题：随着中国深层融入经济全球化，肩负起引领全球经济、金融系统发展的历史使命，风险也会随着机遇一起演化，践行"危中有机""机中存危"的辩证观点。故而，以系统复杂性理论和系统的视角切入金融系统风险和系统演化机制的探索，在当今全球经济系统、金融系统逐步变迁的形势下，仍然具有现实价值。

本书的出版要感谢青岛大学经济学院的学科建设经费资助和校、院相关部门的大力支持，感谢校、院领导和同事的积极协调与鼓励！同时，也要感谢经济管理出版社的高效工作。

张晨宏

2020年9月1日于青岛大学